国際交流基金 日本語教授法シリーズ 14

教材開発

国際交流基金 著

国際交流基金 日本語教授法シリーズ
【全14巻】

 第 1 巻「日本語教師の役割／コースデザイン」

 第 2 巻「音声を教える」[CD-ROM付]

 第 3 巻「文字・語彙を教える」

 第 4 巻「文法を教える」

 第 5 巻「聞くことを教える」[音声ダウンロード]

 第 6 巻「話すことを教える」

 第 7 巻「読むことを教える」

 第 8 巻「書くことを教える」

 第 9 巻「初級を教える」

 第10巻「中・上級を教える」

 第11巻「日本事情・日本文化を教える」

 第12巻「学習を評価する」

 第13巻「教え方を改善する」

 第14巻「教材開発」

■はじめに

　国際交流基金日本語国際センター（以下「センター」）では1989年の開設以来、海外の日本語教師のためにさまざまな研修を行ってきました。1992年には、その研修用教材として『外国人教師のための日本語教授法』を作成し、主に「海外日本語教師長期研修」の教授法の授業で使用してきました。しかし、時代の流れととともに、各国の日本語教育の状況が変化し、一方、日本語教授法に関する研究も発展したため、センターの研修の形や内容もさまざまに変化してきました。

　そこで、現在センターの研修で行われている教授法授業の内容を新たにまとめ直し、今後の研修に役立て、また広く国内外の日本語教育関係のみなさまにも利用していただけるように、この教授法シリーズを出版することにしました。この教材の主な対象は、海外で日本語教育を行っている日本語を母語としない日本語教師ですが、広くそのほかの日本語教育関係者や、改めて日本語教授法を独りで学習する方々にも役立てていただけるものと考えます。また、現在教師をしている方々を対象としていますが、日本語教育経験の浅い先生からベテランの先生まで、できるだけ多くのみなさまに利用していただけるよう工夫しました。なお、漢字表記に関しては、原則として日本語能力試験2級レベル以上のものにルビをつけました。内容によって省いたり、3、4級の漢字にルビをつけているものもあります。

■この教授法シリーズの目的

　このシリーズでは、日本語を教えるための必要な基礎的知識を紹介するだけでなく、実際の教室で、その知識がどう生かせるのかを考えてもらうことを目的としています。

　国際交流基金日本語国際センターでは、教師の基本的な姿勢として、特に次の能力を育てることを目的として研修を行ってきました。その方針はこのシリーズの中でも基本的な考え方となっています。

1）自分で考える力を養う
　理論や知識を受身的に身に付けるのではなく、自分で考え、理解して吸収する力を身に付けることを目的とします。

2）客観性、柔軟性を養う

自分のこれまでの方法、考え方にとらわれず、ほかの教師の意見や方法を知り、客観的に理解し、時には柔軟に受け入れることのできる教師を育てることをめざします。

3）現実を見つめる視点を養う

つねに現状や与えられた環境、自分の特性や能力を客観的に正確に把握し、自分の現場に合った適切な方法を見つける姿勢を育てることをめざします。

4）将来的にも自ら成長できる姿勢を養う

研修終了後もつねに自分自身で課題を見つけ、成長しつづける自己研修型の教師を育てることをめざします。

■この教授法シリーズの構成

このシリーズは、テーマごとに独立した巻になっています。どの巻からでも学習を始めることができます。各巻のテーマと概要は以下の通りです。

第 1 巻	日本語教師の役割／コースデザイン	日本語を教えるうえでの全体的な問題をとりあげます。
第 2 巻	音声を教える	各項目に関する基礎的な知識の整理をし、具体的な教え方について考えます。
第 3 巻	文字・語彙を教える	
第 4 巻	文法を教える	
第 5 巻	聞くことを教える	
第 6 巻	話すことを教える	
第 7 巻	読むことを教える	
第 8 巻	書くことを教える	
第 9 巻	初級を教える	各レベルの教え方について、総合的に考えます。
第10巻	中・上級を教える	
第11巻	日本事情・日本文化を教える	
第12巻	学習を評価する	
第13巻	教え方を改善する	
第14巻	教材開発	

■この巻の目的

教材作成と言ったとき、教師個人が「授業で学習者に配布するプリント」や、「教室で補助的に使う教材や教具」などを作ることを思い浮かべる人も多いでしょう。しかし、この巻は、「あるコースや科目の教科書として使用する教材」や、「国の定めたシラバスやスタンダードに基づいて作成する教材」など、**「もう少しまとまりがあり、特定の教育現場で、中長期的に使用される教材」**の作成を支援します。出版を前提とした教材作成についてはほとんど触れません。将来的に出版したいと考えている人は、まず、特定の教育現場で使用される教材として作る方法を本書で学んでから、出版社に相談するといいでしょう。

教材を作成するには、授業設計能力だけでなく、総合的な知識や幅広い能力を必要とします。ですから、この巻は、ほかの巻と比べて、内容的にむずかしい部分もあるでしょう。すべての課題に答えることよりも、この巻全体を通して、教材作成のプロセスを体験することが大切だと考えています。教材作成のプロセスを実際に体験することで、次の5つのことができるようになるでしょう。この5つが、本書の目的です。

---

①自分のコースについて、現状の課題を整理する。
②既存教材を客観的に分析できる。
③自分の言語学習に対する考えや、教授実践をとらえなおす。
④教師同士が、お互いの言語学習に対する考えや教授実践を共有する。
⑤教材作成の手順や方法を理解する。

この巻は、教材を作成したい方だけでなく、次のような目的を持った方にも参考にしていただきたいと考えています。それぞれの目的に応じて、「この巻の構成」の次の絵のところを重点的に読んでください。

日本語教師をしている、または、これから教師になりたいと考えていて、教材作成について知識を増やしたい人は、🌱の絵の部分を読みましょう。自分が教えているコースの現状分析をして、コースを改善したい人は、🌿の絵の部分を読みましょう。自分が使用している教材を分析して、何が足りないのかを明らかにして、授業を改善したい人は、🌾の絵の部分を読みましょう。

■この巻の構成

1. 構成：教材作成のステップとこの巻で学習する内容

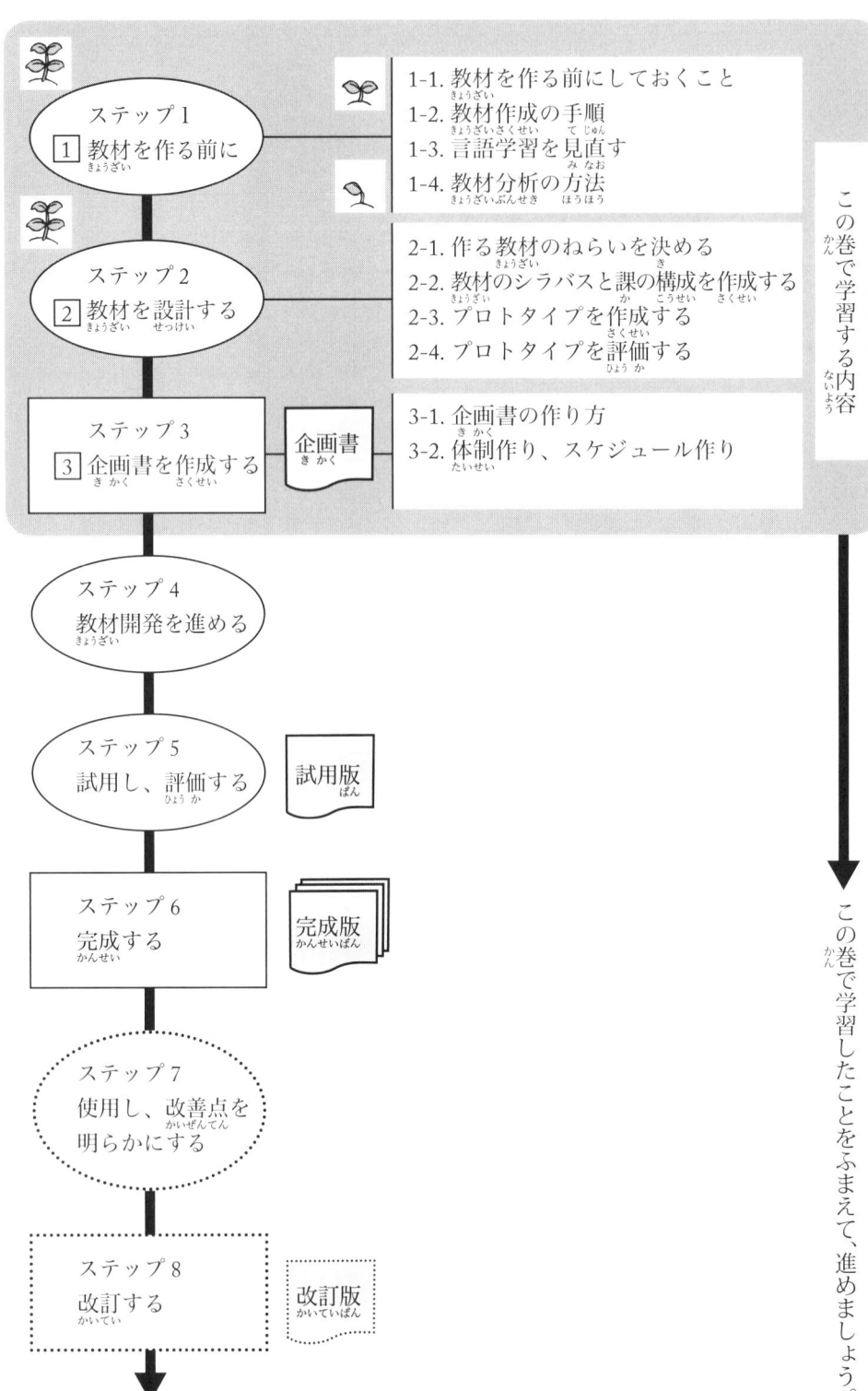

2．課題（【課題】）

この巻の中の各課題は、次のような内容にわかれています。

 考えましょう

活動や実践の意味を考える

　今までやってきたこと、さらに「やってみましょう」で挑戦したことの意味を、理論的な背景と照らし合わせながら考えます。

 やってみましょう

新しい方法を体験する

　新しい学習・教授方法を体験したり、今までもやってきた学習・教授方法を、その意味を考えながら、もう一度やってみたりします。

 自分のプロジェクトでやってみましょう

学んだことを自分の教材作成プロジェクトに適用する

　自分で作りたい教材がある場合は、学んだ方法を自分の教材作成プロジェクトに適用してみて、理解を深めます。

目次

1 教材を作る前に ·· 2
  1-1. 教材を作る前にしておくこと ····················· 2
  1-2. 教材作成の手順 ··· 9
  1-3. 言語学習を見直す ····································· 19
  1-4. 教材分析の方法 ·· 29

2 教材を設計する ·· 38
  2-1. 作る教材のねらいを決める ························ 38
  2-2. 教材のシラバスと課の構成を作成する ······ 42
  2-3. プロトタイプを作成する ···························· 51
  2-4. プロトタイプを評価する ···························· 54

3 企画書を作成する ··· 64
  3-1. 企画書の作り方 ·· 64
  3-2. 体制作り、スケジュール作り ····················· 71

最後に ··· 78
よくある質問(FAQ)—海外で教材を印刷・出版する ········ 80
『教材開発』の重要語彙 ·· 87
解答・解説編 ·· 88
【参考文献】 ·· 103
巻末資料 ·· 105

　　💻 下記の資料は、ひつじ書房のサイト（URL：https://www.hituzi.co.jp/nihongo_kyojuho/）で
　　　提供しています（関連するページ）。

・練習を分析するための表（p.35）
・企画書の書式（pp.66-67）
・マスタースケジュールの書式（p.74）
・著作物使用許諾申請書（見本）と記入例（p.82）

1 教材を作る前に

1-1. 教材を作る前にしておくこと

> 教材を作成する前に、「何から始める必要があるか」、また、その教材を作るために「どのような情報を集めて整理しておく必要があるか」確認しておきましょう。

 考えましょう

【課題1】
あなたが教材を作る前に何をしなければならないか、次のフローチャートを使って確認しておきましょう。

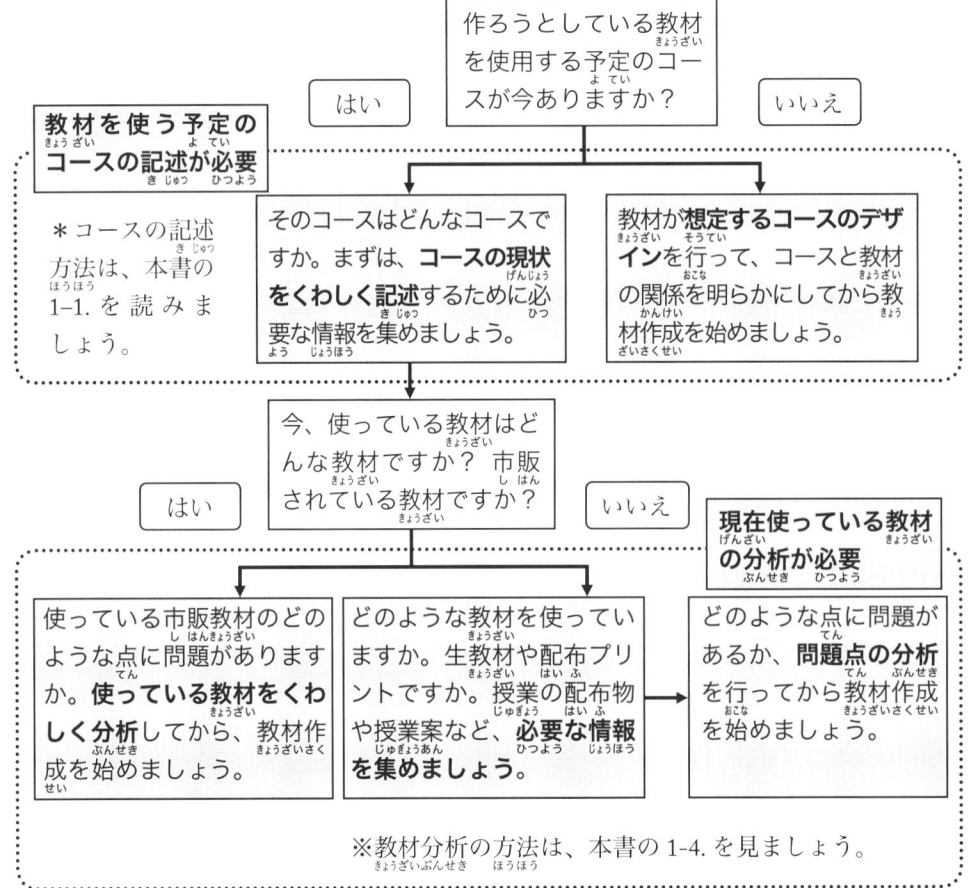

※教材分析の方法は、本書の1-4.を見ましょう。

本書では、「A国にある、さくら日本語学校で、これまで実施されてきた日本語コースを見直し、そのコースのための教材を作る」という**事例に基づいて、共通の課題に取り組みながら**、教材作成の方法を実践的に学んでいきます（🐾やってみましょうの課題）。

　そして、共通の課題で学んだ知識や手法を、自分自身の作りたい教材作成に活かします（👤自分のプロジェクトでやってみましょうの課題）。

　これからあなたは、さくら日本語学校の教師の1人として、さくら日本語学校のほかの教師と一緒に協力して教材作成を行います。まず、これからあなたがメンバーの一員として教材作成を行う、さくら日本語学校の状況について読んでみましょう。

事例：さくら日本語学校のコース教材を作る

　あなたがこれから仕事を始めるさくら日本語学校は、アジアのA国にあります。この学校には、大学生や一般成人を対象とした日本語のコースがあります。各コースでは日本で市販された教材を使っています。

　コースにはいろいろな問題があります。コースの学習時間と教材が想定する学習時間が異なるため教材を最後まで使用できないままコースが終了してしまうこともあります。また、その教材で学習したら日本語を使って何ができるようになるのかが示されていないので、教師も学習者も日本語ができるようになったという実感が持てません。

　学習者からは「コースを終了したのに会話ができない」、「行ったことがない東京の話ばかりで教材がおもしろくない」という不満も聞かれ、学習者数も減少しています。

　そこで、さくら日本語学校では、これらの問題を解決するために、今のコースを見直し、コース教材を作成することにしました。あなたには、さくら日本語学校のほかの教師と協力して教材を作ることが期待されています。

さくら日本語学校の先生

学校長リン氏　　ラン先生　　チュン先生　　トゥイ先生　　福山先生

 やってみましょう

【課題2】
あなたが、さくら日本語学校の状況をもっとくわしく知るためには、どのような情報が必要ですか。次の情報を知るために、情報源として使えそうな資料や情報を書き出してみましょう。

■さくら日本語学校が提供しているコースの概要

■さくら日本語学校の教師／学習者に関する情報

■さくら日本語学校の設備

■さくら日本語学校の教育内容

　あなたは、コースの現状を知るために必要な情報を書き出して、5年間さくら日本語学校で日本語を教えている同僚のラン先生に相談してみました。ラン先生は、コースの現状を分析するために、①生徒募集のちらし、学校案内などコース概要の資料、②使用している教材、③教案、④授業で使用した配布資料、⑤授業日誌、⑥小テストと期末試験の問題、⑦小テストと期末試験の成績、⑧出席簿、を集めていました。そして、**機関の責任者や教師にはインタビュー**を行い、その結果をまとめていました。学習者に対しては、「学習の目的」「学習方法や学習スタイル」「コー

スでどのような日本語を勉強したいか」「どんな場面で日本語が不十分だと感じるか」について、**アンケート調査**をしていました。そして、それらの情報を、次のようにまとめていました。

 やってみましょう

【課題3】
ラン先生のまとめた資料をよく読んで、さくら日本語学校の抱える問題や課題と関係がありそうな部分に、下線を引いておきましょう。

■さくら日本語学校が提供しているコースの概要
さくら日本語学校は、日本との相互理解を促進しようと設立され、20年になる。現在は、初級コース（25人×2クラス）と中級コース（10人×1クラス）がある。

■さくら日本語学校で学んでいる人、教えている人に関する情報
●学校長へのインタビュー
さくら日本語学校の学校長リン氏へのインタビューでは、以下のことが指摘されている。
・最近、周囲に日本語学校が増えてきており、差別化を図るため、ほかの日本語学校では開講が少ない中級コースに重点を置きたい。
・学習者には研究者もいるし、ビジネス関係者もいる。中級コース以上は、学習者のニーズにそくした目的別コース（研究者向け、大学生向けビジネス日本語、IT技術者向け、一般学習者向け異文化理解促進など）を開講したい。
・学習者の会話能力を伸ばし、日本の大学との交流（大学生、研究者、経済学部関係者）も活発にしたい。

●教師に関する情報

	年齢	性別	非母語・母語	専任/非専任	教授歴	教師研修受講歴
ラン	30代	女性	非母語話者	専任(教務主任)	5年	有
チュン	20代	男性	非母語話者	専任	1年	無
トゥイ	30代	女性	非母語話者	非専任	3年	無
福山	30代	男性	日本人	非専任	3年	有

ランが行った同僚教師3名へのインタビューでは以下の指摘があった。

・チュン先生：さくら日本語学校は教師の仲がよく、同じクラスを担当する教師同士が相談しながら準備ができるのでよい。問題点は、想定する学習時間で教えようとすると現在使用している教材では学習内容が多すぎることである。コース期間やコースの目的・内容に合わせて、使いやすい教材を作りたいが方法がわからない。

・トゥイ先生：学習者は熱心に学んでくれるので教えていても楽しいが、現在使用している教材の中にある練習の目的がよくわからないのが悩みだ。コースの学習時間ではこの教材の内容を全部は教えられないので、取捨選択しているがそれでいいのか不安だ。

・福山先生：同僚の先生たちの教授法への意識も高いし、学習者もよく学ぶし、とてもいい教育環境だと思う。ただし、現在使っている教材が、対象としている学習者が実際に必要としている能力を育てている実感がない。しかし、既存の教材が適当でないからといって何も使わないでコースを進めることは現実的には無理で、やはり教材が必要だと思う。現在は自分で配布資料を作っているが、効果があるかどうか測れない。

●学習者に関する情報

現在学習者数は60人である。学習者の60%は、大学生、大学教師、研究者などで、その他会社員などが40%いる。年齢は20代～40代。大学地区が近いため、さくら日本語学校の学習者も大学生や研究者など大学関係者が目立つ。学習者のアンケートでは、以下のことが指摘されている。

- もっと日本人と話したい。
- 教材に知らない地名や場所が出てくると、つまらなくなる。
- 中級コースと初級コースでは教材が違うので、中級コースになるとむずかしい。
- 学習目的は、「日本人の学生や研究者と交流したい」、「日本語で情報収集したい」、「ビジネスに使用したい（商談、出張）」という学習者が多い。
- 日本人と話してもどんな話題がいいのかわからない。わからないことばが多くて、話が続けられない。
- 日本語で話していても、話し方や価値観など文化的なずれを感じる。
- たくさん暗記してもなかなか口から出てこない。
- 授業で勉強していることが教室外で役に立つのか疑問を感じる。

■さくら日本語学校の設備

教室は30人入れる教室が2つある。机は移動することができない。教室には、黒板と、図表や地図がはってある。CDプレーヤーは1台あり、教員室から持っていく。日本語の本や雑誌のコーナーがあり、学習者はその場で読むことはできるが、借りることはできない。

■さくら日本語学校の教育内容

●シラバス

- 初級コースのシラバスはない。日本で出版された初級教科書を18カ月（約300時間）で終了する。終了時点で、語彙2000語と基礎的な文法を学び、簡単なコミュニケーションができることを目指している。
- 中級コースのシラバスもない。日本で出版された中級教科書を9カ月（約150時間）で終了する。終了時点で、1480語の語彙と139項目の文型を学び、身近な場面・機能でコミュニケーションできることを目指している。

●カリキュラム

- 1年を3学期にわけていて1学期は3カ月(12週)である。1学期は2

月初旬～4月下旬、2学期は6月初旬～8月下旬、3学期は10月初旬～12月下旬の期間開講される。
- 初級コースは、月曜日と水曜日の週2回で、18時～20時までの2時間である。中級コースも、火曜日と木曜日の週2回で、同じく18時～20時までの2時間である。どちらのコースも1週間の学習時間は4時間となり、各学期の学習時間は、テストのための2時間を含めて50時間である。
- 教授法は、コミュニカティブ・アプローチ、オーディオリンガル法、文法訳読法などを適宜使用している。
- 使用教材は、初級コースは『みんなの日本語Ⅰ・Ⅱ』(スリーエーネットワーク出版)のほか付属の文型練習帳、漢字練習帳、読解教材、聴解教材などを使用している。中級コースは『新日本語の中級』(スリーエーネットワーク出版)を使用している。
- 初級コースの1クラスは教師チュンとトゥイが曜日ごとに交代で教え、もう1クラスはランとチュンが交代で教えている。また、中級コースは教師ランと福山が曜日ごとに交代で教えている。授業の分担はコース開始前に決め、おおまかな教案を作る。
- 教室外で日本語を学習したり、使用したりする機会はほとんどない。適切な自習用教材もないし、仕事をもつ人は自習する時間はほとんどない。

● 学習の評価
- 小テストおよび期末試験によって学習の評価を行っている。小テストは2週間に1回、期末試験は各学期の終わりに実施する。小テストおよび期末試験ともに、筆記試験のみで、口頭試験は実施していない。
- 小テストは主に学習者の達成度を測定し指導方法を改善するために行う。期末試験は学習者が進級するかどうかを決定するために行い、50％以上できれば進級できる。テストの結果は個別に学習者にフィードバックしている。
- 初級コースから中級コースに進級するのは全体の60％程度である。

自分のプロジェクトでやってみましょう

【課題4】
【課題1】で確認したように、教材を作る前に教材を使う予定のコースの内容について整理し記述しておく必要があります。さくら日本語学校の事例を参考にして、あなたが作成する教材を使用する予定のコースの状況や、今コースがない場合は想定するコースの状況をくわしく記述するために、次の3点について整理しておきましょう。

①どのような情報が必要か。

②そのためにはどのような資料が活用できるか。

③活用できる資料がない場合は、どのような調査を行わなければならないか。

1-2. 教材作成の手順

> 教材をどのように作っていったらよいか、教材作成の手順について理解しましょう。

(1) 教材作成に必要なこと

1-1.では、教材を作る前「どのようなことから始める必要があるか」また、「どのような情報を集めて整理しておく必要があるか」整理しました。

1-1.で整理したことと、これまでの経験をもとに、「これからあなたが教材作成を進めていくために必要なことは何か」考えましょう。

 やってみましょう

【課題5】
あなたがこれから教材作成を進めていくために何が必要だと思いますか。

① まず、必要だと思うことを、後で並び替えや整理・分類をしやすい小さい紙（付せん紙など）に、1枚につき1つずつ思いつくまま書き出してみましょう。

② 次に、大きい1枚の紙の中央に「教材作成」と書いて、その周りに①で書き出した「教材作成に必要なこと」を、それぞれの関係を考えながら、はっていきましょう。

③ 最後に、内容的に近いものをグループにして整理・分類し、「知識」「リソース」など、グループごとにラベルをはり、「教材作成に必要なこと」を次のようなイメージマップにしてみましょう。

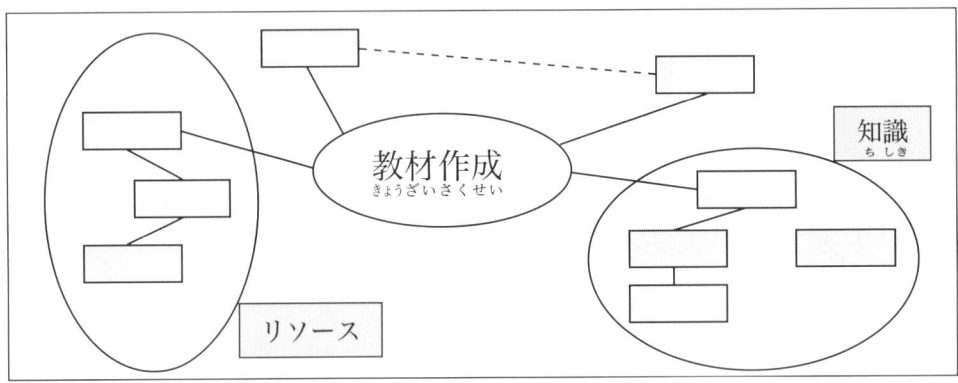

【課題6】
【課題5】で作成したイメージマップをまわりの人と比べて、同じところ、違うところを話し合ってみましょう。

【課題7】
【課題5】、【課題6】であげたものを、①教材を使うコースの分析、②教材作成に必要な知識・技術・リソース、③教材作成手順・プロジェクト管理、の3つのカテゴリーに分類して、整理してみましょう。そして、「教材作成を進める上で必要だと自分が気がつかなかった部分はどこか」、確認しておきましょう。

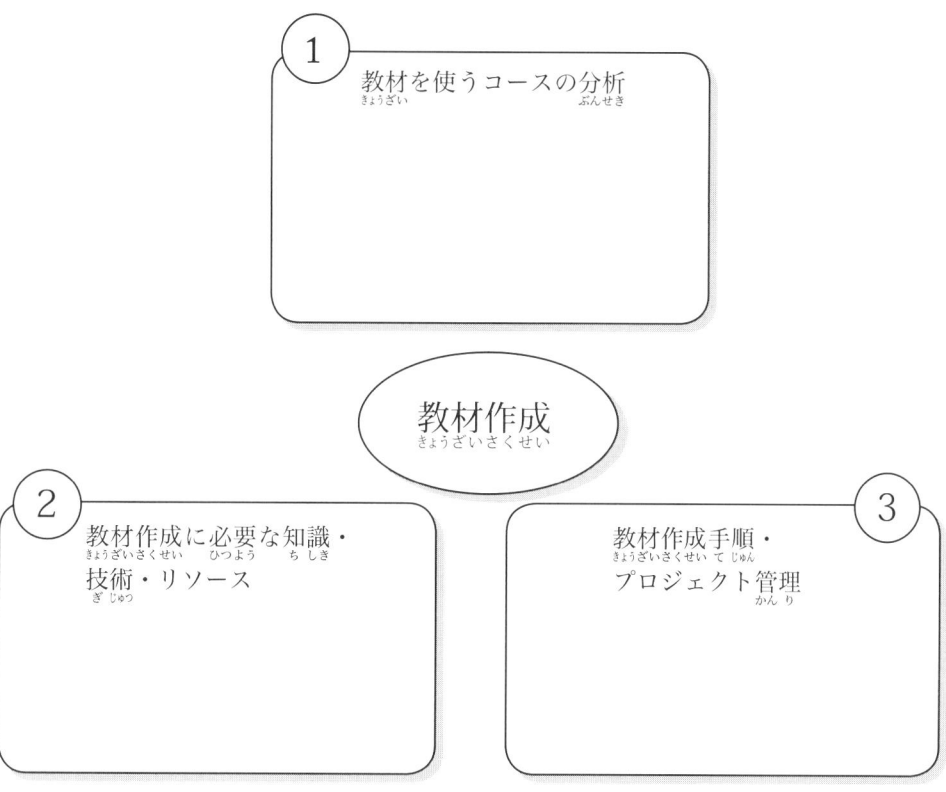

　①の「**教材を使うコースの分析**」については、本書の「1-1. 教材を作る前にしておくこと」で、その必要性について確認し、すでに整理しました。

　②の「**教材作成に必要な知識・技術・リソース**」は幅広くあります。これらすべてを、本書で扱うことはできません。本書の「1-3. 言語学習を見直す」「1-4. 教材分析の方法」で扱いますが、扱わないことも数多くあります。教材を作成するには、複数のさまざまな専門的能力や技術が必要です。たとえば、「日本語や日本語教育についての専門知識」「練習や本文などを作ることができる日本語能力や文章作成能力」「教材に必要な情報やリソースを探す能力」「レイアウトやデザインなどを検討できる能力や技術」「音声や映像の制作・編集ができる能力や技術」など、作る教材によって必要な能力や技術やリソースも異なります。日本語教育の多様化にともない、他の分野の専門家と協働して教材作成を進めなければならない状況も今後ますます増えることでしょう。その場合、日本語教育の専門家であっても、他の専門分野についての基本的知識を身につける必要も出てくるでしょう。

　いずれにしても、すべての能力を1人で持つことはむずかしいでしょう。そこで、本書では**チームで教材作成をする**ことを勧めます。映像や音声の制作の専門家、デザインの専門家、システム開発の専門家など、日本語教師以外の人とチームを組んで開発する教材もあるでしょう。海外での教材開発は、外国人教師と日本人教師の

チームで行われることも多いでしょう。あなたが作成する教材に必要な専門能力を考え、チームで教材開発を進めることを検討しましょう。

③の**「教材作成手順・プロジェクト管理」**は、教材作成を進める場合、必ず必要になってくる知識と言えるでしょう。「教材作成手順」については、本節でこれから学びます。「プロジェクト管理」については、「3章　企画書を作成する」で学びます。

（2）インストラクショナル・デザイン

これまでの教材作成の方法や手順についてふり返ってみましょう。

教材作成をどのように進めていけばよいでしょうか。教材を作った経験のある人は、「どのような手順で作りましたか」また、「そのときうまくいかなかったことはありましたか」。まわりの人と話し合ってみましょう。

教材作成を円滑に進めるために役立つ方法として、システム的な教材設計・開発の方法であるインストラクショナル・デザインの考え方を理解しましょう。

インストラクショナル・デザインとは、何か

インストラクショナル・デザイン (Instructional Design: ID) とは、教育を効果的、効率的に、設計・実施するための方法論の集大成といえます。

インストラクショナル・デザインでは、

- まず、「だれに何を教えるのか」、つまり教材を使う人がどんな人で（入り口）、その人が何を学んで教材を終えるのか（出口）を決めます。
- 次に、どのように教えるかを考えて設計を行います（計画：Plan）。
- そして、必要な教材を開発します（実行：Do）。
- 使ってみて、実際にうまくいったかを評価します（評価：See）。

この「計画（Plan）―実行（Do）―評価（See）」と順番に回していく手順を、IDプロセスと言います。IDプロセスに基づいた教材作成は、各段階で作成したものを評価し、次の段階に確実に渡す、ということをくり返しながら、完成版に近づけていきます。その結果、教材作成過程における後戻り作業を少なくすることができ、円滑に効率よく教材作成を進めることができるのです。

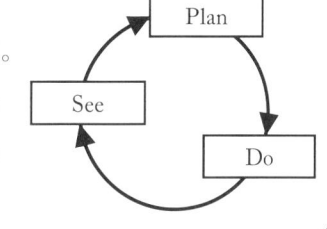

IDプロセスは、教材や授業や研修など教育に関係したさまざまなものを作るときに利用されますが、ここでは教材作成にしぼって考えてみましょう。

「Plan」は、どんな教材にするかアイディアを練る段階、「Do」は、実際に教材を作る段階、「See」は、作った教材の効果を確かめる段階と言えます。教材作成と言った場合、「Do」の作る作業をイメージする人も多いと思いますが、**アイディアを練る段階や、効果を確かめる段階も教材作成の1段階として位置づけることがシステム的なアプローチの特徴**です。

計画→実行→評価を1回で終わりにするのではなく、計画→実行→評価→計画→実行→評価→……とぐるぐると回すことを前提とします。ここで重要なのは、評価から計画に戻る矢印、「See(評価)→Plan(計画)」です。

これまで、教材を使う対象となるコースの現状分析をしないまますぐに執筆に取りかかったり（「See(評価)→Plan(計画)」がない）、作成した後、内容の見直しや改訂を行わないまま作りっぱなしにしたりした（「Do(実行)→See(評価)」がない）経験はありませんか。

本書では、執筆前に教材を使う対象となる**コースの現状分析をていねいに行う**、

つまり、**現状の「See（評価）」から教材作成を始める**ことを提案します。そして、現状の「See（評価）」の結果をふまえ、教材作成の「Plan（計画）」を立てます。この「Plan（計画）」の段階で、教材のねらいを明確にし、教材の設計図とも言えるシラバスと課の構成を作り、教材の一部分（プロトタイプ）を試作して、計画として妥当かどうかチェックし、その結果に基づいて計画の見直しを行います。**「Plan（計画）」の段階に、小さな「Plan-Do-See」のサイクルが組み込まれる**ことになります。計画が固まったら、いよいよ本格的な教材作成「Do（実行）」が始まります。「Do（実行）」の段階でも、教育現場で本格的に使用する前に、**試用版として使って**みて問題点を発見し、改善し、**完成版として仕上げる**という、**小さな「Plan-Do-See」のサイクルが組み込まれる**ことになります。

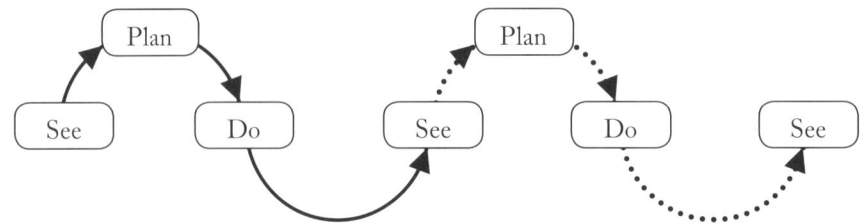

（3）インストラクショナル・デザインと日本語教材作成手順

　表1（pp.16-17）は、「教材作成の手順」をまとめたものです。この表を見ながら、教材を作る過程をもう少しくわしく見てみましょう。「評価（See）→計画（Plan）→実行（Do）→評価（See）」のそれぞれの段階で気をつける点について整理しておきましょう。

```
1. See   現状分析      3. Do   開発と試用
2. Plan  設計          4. See  実施と評価
```

〔1. 現状分析　See〕

　現状分析の段階では、教材を使う予定のコースについて、現状の課題や問題点をていねいに整理することが大切です。現状のコースシラバスや授業案やテストなど、コースを分析するために必要な情報をそろえることから始めましょう。新しいコースを作り、そのコースで使用する教材も作るという場合は、コースデザインを行うとともに教材作成も行うことになります。この段階で最も大切なことは、**客観的なデータや情報に基づいて現状を把握し、課題を整理し、それらの課題に対する解決策を検討する**ことです。解決策を探るために、先行文献／研究などの知見も参照し、**教材開発で解決できることは何か整理する**ことが必要です。

〔2. 設計　Plan〕

　　設計は、作る教材の骨格を決める重要な段階です。まず、現状の課題を整理したうえで**教材のねらいを明確**にします。次に、構成や内容のデザインを行います。そして、それらのデザインに基づいて**一部分（プロトタイプ）を試作**し、そのデザインで教材全体を作成してもいいかどうかを教材作成プロジェクトのメンバーで**検証する**ことが重要です。また、設計段階の作業の結果は、**教材企画書として文書化**しておきます。企画書はこれから作る教材の設計図と考えてください。その後の作業に後戻り作業ができるだけ発生しないようにするために、また複数のメンバーで執筆を分担する場合のより所として、企画書は重要な働きを担っています。また、企画書は、教材作成のための予算確保や体制面の説得など対外的な説明が必要な場合にも効力を発揮します。

〔3. 開発と試用　Do〕

　　企画書の内容や作業計画にしたがって、作業を分担し、開発（執筆／制作）を始めます。開発段階は、「試用版を開発（執筆／制作）し、試用前の評価を行う」と「試用版を実際の教育現場で試用し、試用版の評価を行う」の２つの段階にわけられます。
　　試用版の開発段階では、さまざまな作業を同時並行して進めなければならないため、**プロジェクトの進捗や変更点の管理などを一元管理**し、プロジェクト内で**共有する**ことが重要です。また、プロジェクトメンバー**各自の責任範囲を明確にしておく**必要もあります。ある作業が終了しないと次の作業に取りかかれないなど、作業間の関係を考慮した綿密な作業計画が必要であることは言うまでもありません。試用版の開発段階の後半では、**試用版の評価のための準備を行う**必要があります。現状の課題を整理して決めた教材のねらいが、作成した教材で達成できたかどうかを確かめるために、どのようなデータを収集する必要があるか検討し、**評価計画**をしっかり立てましょう。「作成した教材により現状の課題を解決できた」ということを**客観的なデータをもって示す**ことができたら、説得力が増すことでしょう。

> ★国家プロジェクトの場合
>
> 　　表１にもあるように、国家プロジェクトの場合、試用に協力してくれる機関や教師を決定し、試用版の教師用使用説明書を作成し、協力者に対する研修などの準備を行う必要もあるでしょう。試用段階では、試用前に試用に協力してくれる教師に対して、**教師用使用説明書を使って説明や研修を行う**必要もあります。試用を経てどのように改善作業を行い完成版にするのかについても前もって検討しておく必要があるでしょう。

表1：教材作成の手順

段階		作業内容	成果物
1. 現状分析	SEE	◆ 教材を使う予定のコースの現状を分析するために、必要な情報を収集し、整理する。 ◆ **教材を使う コースの分析** をする。 (1) 教材を使う機関の教授環境（教師や教室環境など）やカリキュラムを検討する。 (2) 学習者について知る。 (3) 地域・学校のシラバスを検討する。 (4) これまで使ってきた**教材の分析・評価**を行う。 (5) (1)〜(4) をふまえ、現状の課題を整理する。 (6) 課題の解決策を考えるために、先行文献／研究を整理する。	コースシラバス / 授業案 / 配布プリント
2. 設計	PLAN	◆ 1の現状分析の結果をふまえ、作成する教材のねらいを決める （この段階で、大まかなスケジュールや人員体制、教材の提供媒体なども検討しておくとよい。） ◆ **教材の構成・内容をデザイン**する。 (1) 全体のシラバスを作成する。 (2) 1課の構成を作成する。 (3) 1課〜3課など、一部分（プロトタイプ）を作成する。 (4) プロトタイプの評価のためのテスト（評価ツール）を用意する。 (5) **プロトタイプの評価**を行い、シラバスおよび1課の構成などの見直しを行う。 ◆ 企画書を作成する (6) 開発のための詳細な作業計画を立て、プロジェクトメンバーで確認する (7) 1.の現状分析の結果と、2.設計の (1)〜(6) の作業結果をふまえ、教材企画書として文書化する。	**教材企画書** シラバス、課の構成 プロトタイプ評価結果 **プロトタイプ** （一部分を試作したもの） ・コースの基本情報 ・現状の課題や問題点 の分析結果
	DO		
	SEE		
	PLAN		

16

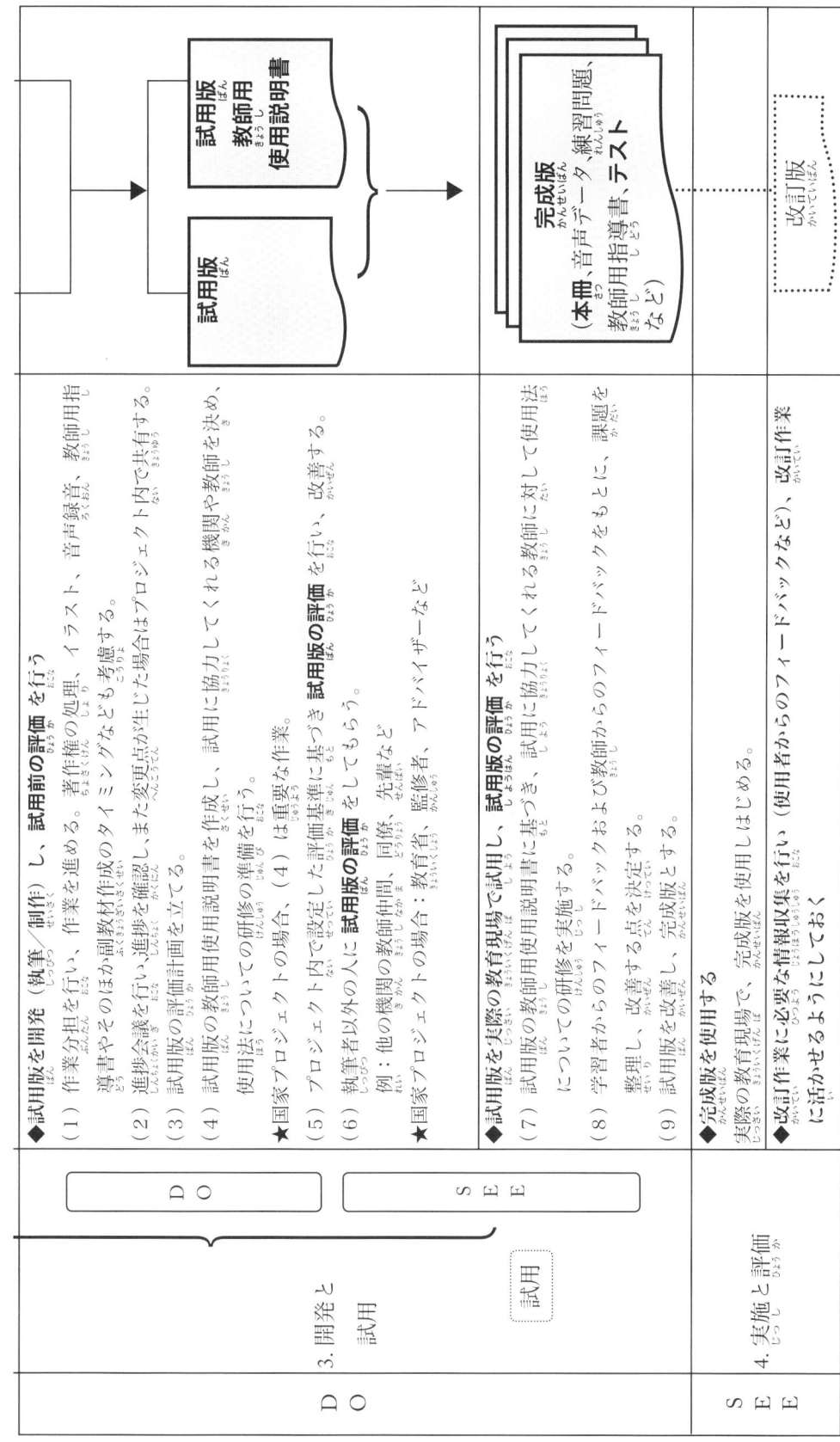

	◆試用版を開発（執筆／制作）し、試用前の評価を行う	
DO	(1) 作業分担を行い、作業を進める。 (2) 導書やその他の副教材作成のタイミングなども考慮する。著作権の処理、イラスト、音声録音、教師用指導書などを確認し、また変更点が生じた場合はプロジェクト内で共有する。 (3) 試用版の評価計画を立てる。 (4) 試用版の教師用使用説明書を作成し、試用に協力してくれる機関や教師を決め、使用法についての研修の準備を行う。	
	★国家プロジェクトの場合、(4) は重要な作業。	
SEE	(5) プロジェクト内で設定した評価基準に基づき試用版の評価を行い、改善する。 (6) 執筆者以外の人に試用版の評価をしてもらう。 例：他の機関の教師仲間、同僚、先輩など	試用
	★国家プロジェクトの場合：教育者、監修者、アドバイザーなど	
3. 開発と試用	◆試用版を実際の教育現場で試用し、試用版の評価を行う	
	(7) 試用版の教師用使用説明書に基づき、試用に協力してくれる教師に対して使用法についての研修を実施する。 (8) 学習者からのフィードバックおよび教師からのフィードバックをもとに、課題を整理し、改善する点を決定する。 (9) 試用版を改善し、完成版とする。	
4. 実施と評価	◆完成版を使用する 実際の教育現場で、完成版を使用しはじめる。	
SEE	◆改訂作業に必要な情報収集を行い（使用者からのフィードバックなど）、改訂作業に活かせるようにしておく	

〔4. 実施と評価 See〕

　実施と評価の段階では、完成版の教材が教育現場で使われはじめます。国家的な教科書作成の場合は、多くの現場で使われることになるでしょう。使用後の学習者や教師からの**評価データの収集方法**について検討し、**改訂作業に必要な情報収集**を行い、改訂作業に活かせるようにしておきましょう。

（4）教材作成と評価

　表1の日本語教材作成手順の表の中で、教材作成途中の各段階で、どのような評価作業を行う必要があるか、確認しましょう。
　表1の　　　で示した部分は、各段階での評価作業と言えます。各段階の評価の目的は次のように整理することができるでしょう。

①現状分析の段階で行う「教材を使う予定の**コースの分析**」と「これまで使ってきた**教材の分析**」の作業は、現状の課題を客観的に分析したうえで、これから作成しようとする教材の理念や方針を決定するために必要な作業の1つです。
②設計段階の**プロトタイプの評価**は、一部分を試作したうえで、シラバスや課の構成など、**教材の方向性が妥当であるかどうかを判断するために必要な評価**です。
③開発段階で行う試用版の評価は、試用前にプロジェクトメンバーで教材を点検する**試用前評価**と、実際の教育現場で試用して問題点を発見し改善するための**試用版の評価**を行う必要があります。試用版の評価は、現状の課題を整理して決めた教材のねらいを、「**作成した教材で達成できたかどうか**」評価します。「作成した教材により現状の課題を解決できた」ということを**観察可能な客観的なデータをもって示す**ことを目指しましょう。また、試用版の評価は、実地テストとも言われ、「**実用が可能かどうかを確認する**」ために必要な評価です。たとえば、教室での使用を前提とした教材ならば、作成者以外の人でもその教材を使ってさまざまな教育現場で教えることができるかを確かめる必要があります。また、自習用の教材であれば、学習者が独力で自習できるかどうかを確かめる必要があります。

> ①から③は、教材を作成する途中で、教材をよくするために行う評価で「**形成的評価**」といいます。形成的評価の結果はプロジェクト内部の情報として蓄積され、教材の改善に役立てられます。②の**プロトタイプの評価**と③の**試用版の評価**は、教材をよくするために重要な役割を果たします。

（5）学習者検証の原則

　形成的評価を行ううえで、重要な原則があります。教材の形成的評価を行う場合、**実際学習者が何をどの程度学べたのか**を調べて、その結果に基づいて教材の評価をすることが最も重要です。この原則を「**学習者検証の原則**」といいます。同僚や日本語教育専門家に評価してもらうのではなく、実際に対象となる学習者にその教材を使って学習してもらってその効果を確かめることが重要です。効果を確かめるためには、テストやアンケートやインタビューの結果など、何らかの**観察可能な証拠**（evidence）となるデータが必要となってきます。もちろん、専門家からアドバイスをもらうことも形成的評価として有効な方法です。しかし、それだけではなく、教材を使って学習する条件に合った人に協力してもらって、必ずその学習効果を確かめるようにしましょう。

【本節の参考文献】
(1) 赤堀侃司（2004）『授業の基礎としてのインストラクショナルデザイン』一般財団法人日本視聴覚教育協会
(2) 鈴木克明（2002）『教材設計マニュアル－独学を支援するために』北大路書房
(3) Flagg, Barbara N. (1990) *Formative Evaluation for Educational Technologies.* Lawrence Erlbaum Associates, Publishers.

1-3.　言語学習を見直す

> 　教材を作成する前に、言語学習について見直しましょう。この作業によって、あなたが作る教材について「何を、どのように教え、学習の効果をどのように測るのか」を、明確にすることができるでしょう。

　国際化が進む現代社会において、人々が共に生きていくために言語教育の役割は大きくなってきています。その中で、言語教育関係者は、どのような教育実践をすべきでしょうか。本節では、世界の言語教育の動向から、言語学習を見直してみましょう。

 考えましょう

【課題8】
次の「作る教材を明確にするための13の質問」について、あなたの考えを書いてみましょう。今書けないところは書かなくてもかまいません。本書を読みながら、あなたの作る教材の言語学習に対する考え方（言語学習観）を少しずつ明確にし、本書を読み終えるころには、全部書けるようにしましょう。

作る教材を明確にするための13の質問

■言語教育は何のために行うか
①言語教育の社会的役割は何だと考えますか。
②**言語教育の目的**は何だと思いますか。言語に関する知識（文法、単語、漢字など）をたくさん覚えることですか。日本人とコミュニケーションできることですか。そのほかの目的がありますか。

■コミュニケーション能力について
③コミュニケーション能力とは、具体的に**どのような能力**ですか。文法以外に何が必要だと思いますか。
④コミュニケーション能力を育成するために、**どのように教える**必要があると思いますか。その教え方の背景には、どのような理論がありますか。
⑤コミュニケーション能力の**レベル**をどのように考えますか。初級、中級、上級のようなレベル設定だとしたら、初級とはどのようなレベルですか、約300時間日本語を学習したことですか。中級とは、どのようなレベルですか、日本語能力試験N2に合格することですか。上級とは、どのようなレベルですか。

■学習の評価について
⑥あなたが作った教材を終了した学習者に対して、**どのような学習の評価**を行いますか。文法テスト、会話テスト、ほかにどのような方法が考えられますか。
⑦学習の評価は何のためにしますか。**評価の目的**は何ですか。
⑧学習の評価は**だれが**しますか。教師、学習者自身、あるいはほかにいますか。

■文化の学習について
⑨**文化を学ぶ目的**は何ですか。学習者に日本人のようになってほしいですか。たとえば、日本についての知識をたくさん持っていたり、日本人のようにあやまったりできることが、文化を学ぶ目的ですか。
⑩文化の学習とコミュニケーション能力は、**どのような関係**だと考えますか。
⑪文化の学習では、**何を**教えたらいいと思いますか。日本事情（地理、歴史、行事、伝統文化など）ですか。
⑫**どのように**文化を教えたらいいと思いますか。説明型、体験型、そのほかの方法が考えられますか。たとえば、日本事情の科目として、言語学習とは別に教えますか。読解の一部として、言語学習と結びつけて教えますか。
⑬文化の学習については、**どのような評価**を行いますか。

考えましょう

【課題9】
巻末資料（pp.105-109）は、オーストラリア、アメリカ、ヨーロッパそれぞれの言語政策の一環として提示された「言語学習に関する枠組み（スタンダード）」の特徴をまとめたものです。作られた社会的背景や目的はそれぞれ異なりますが、社会の要請を受けて言語教育の方向性を示しているという点では共通しています。巻末資料を読んで「13の質問」に対するあなた（または教材作成グループのメンバー全員）の答えをもう一度見てみましょう。

〔あなたが作る教材で、何を教えるか〕

　今日では、コミュニケーション能力とは、言語に関する知識（文法、語彙、漢字など）をどれだけ持っているかということではなく、それらを使って、実際の場面で、何かができることだと言われています。つまり、「知識獲得型の言語学習観」から「課題遂行型の言語学習観」への移行が起きているのです。これは、教材のシラバスの学習目標が「文型」から「その文型を使ってできること」に変わったことにも現れています。教材のシラバスとは、教材で扱う学習項目一覧を指します。シラバスについては、本シリーズ第1巻『日本語教師の役割／コースデザイン』(p.20)にくわしい説明があります。

　課題遂行能力としてのコミュニケーション能力を育成するために、文法能力以外に何が必要かについては、いろいろな意見があります。1例として、本シリーズ第6巻『話すことを教える』(p.17)では、キャナル（Canal：1983）の、①文法能力、②社会言語能力、③談話能力、④ストラテジー能力をあげています。ほかにも、社会能力、異文化理解能力、社会文化能力などが必要だという意見もあります。

　巻末資料の各国スタンダードでは、言語教育の役割として、多文化主義や地球市民教育の普及、地域社会への貢献、断片的な知識を大量に与えるのではなく知識を統合する学習方法を身につけること、学習者の留学や就職などによる移動の保証、などがあげられていました。

　あなたが、教材を作成する目的は、「学習者の日本語能力」を伸ばすことでしょうか。「学習者」を「人」としてとらえ直してみたとき、社会の中でどのような役割を果たす存在になってほしいと考えますか。地球市民としての視野を持った人、文化と文化の間を取り持つ人、仕事を通して自ら学ぶ人、困難な問題を解決する力

を持った人、でしょうか。言語教育の役割をふまえ、ただ日本語が話せるだけではなく、どのような「人」を育てたいのかを考えてみる必要があるでしょう。

　また、アメリカのスタンダードでは、コミュニケーションを従来の「聞く、話す、読む、書く」の4技能ではなく、Interpretive mode（解釈）、Presentational mode（意見発表）、Interpersonal mode（対人関係）の3つの形態（モード）でとらえています。さらに、文化を、Products（所産・産物）、Practices（習慣）、Perspectives（ものの見方）の3つの観点から教えることを提案しています。これらの提案を検討したうえで、あなたが作る教材を通して、何を教えるか、教材作成を始める前によく考えましょう。

〔あなたが作る教材で、学習の効果をどのように測るのか〕

　「学習目標―指導方法（教材および授業設計）―評価方法」が一貫していなければ、学習目標に沿った能力を養成できたか確認していることにはなりません。そのために、本書では、**教材とテストをセットで提供する**ことを提案します。具体的な方法としては、①教材を学ぶのに適切なレベルに学習者が達しているかチェックする前提テスト、②その課で学んでほしいことが学べたかチェックする課ごとのテスト、③複数の課ごとに学習した内容が学べたかチェックする中間テスト、④その教材を通して、学習者に学んでほしい目標が達成できたかチェックする最終テスト、などを教材に含めるといいでしょう。"Expressions"（D.Nunan 著）という英語学習の教材では Assessment Package というテスト集が教材とセットで提供されています。このテストは点数をつけるのが目的ではなく、教師と学習者双方が、学習の達成度を確認しながら学習を進めていくためのものです。

　近年、**学習者の自律性**（autonomy）を育成するために自己評価が重視されています。そこで、学習成果を収集した資料集を作成し、学習者の長期的な変化を観察・解釈する評価方法が注目されています。このような資料集を**ポートフォリオ**（portfolio）と呼び、このような評価方法を**ポートフォリオ評価**と呼びます。ポートフォリオ評価では、評価の方法・内容・基準について、学習者と教師が検討したうえで、学習成果である「テスト、作文、スピーチを録音したもの、授業で作成した新聞」などを資料集に入れます。そして、学習者と教師が共有している評価基準をもとに、資料集に入っている学習成果を学習者と教師双方で評価します。

　日本語能力試験を始め、日本留学試験、BJT ビジネス日本語能力テストなどの大規模標準試験は、学習者の日本語能力を客観的に測り、公式に認定する役割を果たしています。しかし、大規模標準試験で測れることには限界があります。課題遂行

能力を測るには書く・話すテストが必要ですが、何万人もが参加する大規模標準試験では、方法や体制面を考慮しないと実施はむずかしいでしょう。したがって、あなたが作る教材では、書く・話すテストや、ストラテジー能力や異文化理解能力などは、測るかどうか、測るとしたらどのように測るかを検討する必要があります。

　学習の評価方法を検討するときに、これら大規模標準試験の内容や考え方も参考になるでしょう。英語教育に目を向けてみると、TOEIC や TOEFL は、書く・話すテストを実施し、職場や日常生活で人々が実際に使っている語彙や要求されるタスクを出題して、テストで測る能力を現実のコミュニケーションに近づけようとしています。TOEFL には、大学生活に不可欠な Critical Thinking Skill（批判的・検証的思考能力）を使って答える問題や、複数の技能を使って答える Integrated Task（統合問題）が出題されています。想定するコミュニケーション能力によって、何を、どう測るかを考えるための参考になります。会話能力の評価方法としては、ACTFL（全米外国語教育協会）による OPI テスト（Oral Proficiency Interview）がよく知られています。ACTFL-OPI テストについては、本シリーズ第 6 巻『話すことを教える』（pp.12-21）が参考になるでしょう。

〔あなたが作る教材で、どのように教えるのか〕

　学習者はどのように学ぶか、教師はどのように教えると学習を支援できるか、についての理論は多数ありますが、本書では教材作成に参考となる「第 2 言語習得研究における習得過程」と「ガニェの 9 教授事象」の 2 つをとりあげます。これらを通して、あなたが作る教材で、どのように教えるかを考えましょう。

■学習者はどのように学ぶか

　図 1 は、本シリーズ第 5 巻『聞くことを教える』の第 1 章で示した「第 2 言語の習得過程」です。「インプット」とは、学習者に入力される目標言語（日本語学習の場合は日本語）、つまり、学習者が聞く日本語、読む日本語です。「アウトプット」とは、学習者が出力する目標言語（日本語）、つまり学習者が話す日本語、書く日本語です。

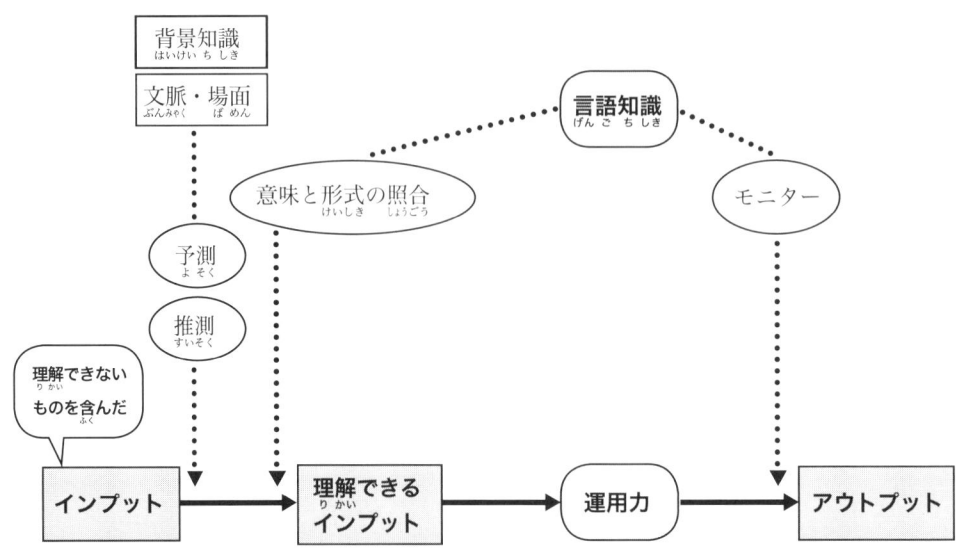

図1：第2言語の習得過程（Ellis1995を参考に作図）

図1から、第2言語の習得過程について次のようにまとめられます。

- インプットだけ、または、アウトプットだけではなく、インプットからアウトプットへの流れ（→）を教育実践に反映させることが大切です。運用力育成には時間がかかるので、この流れ（→）をくり返すことが必要です。
- インプットを大量に与えることと、どのように与えるかが重要です。学習者自身が、背景知識や文脈・場面を使って、理解できるインプットを増やすように与えることが必要です。
- 理解できるインプットがすでに持っている能力と統合されて、学習者の運用力向上につながります。この運用力から、学習者のアウトプットは生まれます。
- 言語知識（単語や文法などに関する知識）は、インプットを理解したり、アウトプットをするときに、それが正しいかどうか判断（＝モニター）したりすることを可能にします。
- 言語知識から出る矢印が点線になっているのは、これらが間接的な働きで、直接的に運用力の発達に働きかけるものではないことを表しています。つまり、言語知識は運用力の養成には役立ちますが、言語知識を与えれば与えるほど運用力が豊かになり、アウトプットできるようになるわけではありません。

これらをふまえて、第2言語の習得過程を教材作成に活かすために、次の5つのことを検討するといいでしょう。

①インプットからアウトプットの流れを教材にどのように盛り込むか。
②どのようなインプットを教材で与えるか。
③理解できるインプットを増やすために、教材でどのような工夫をするか。
④アウトプットの機会はどのように提供するか。
⑤習得をうながすために、どのように言語知識を与えるか。

■教師はどのように教えると学習を支援できるか

　教師はどのように教えると学習を支援できるかということを、**指導方略**と言います。数多くある指導方略をまとめて整理したものが「ガニェ（Robert M. Gagne）の9教授事象」です。9つの教授事象を、「導入－展開－まとめ」という授業や教材で用いられる構成にあてはめてみると、次のようになります。

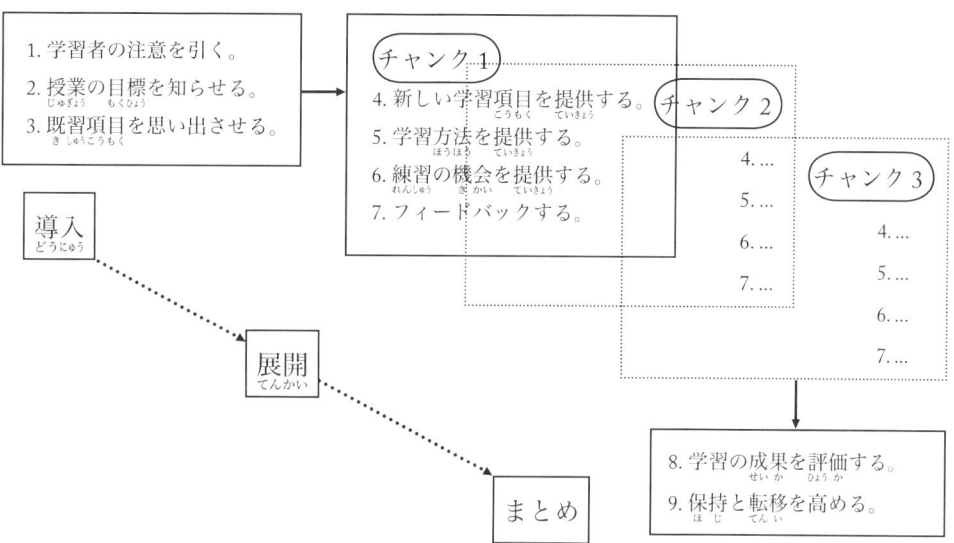

図2：「導入－展開－まとめ」の流れを「ガニェの9教授事象」で表したもの

　9つの事象の内容は次のように説明できます。まず「導入」部で教材に注目させ、学習目標を知らせ、必要な既習項目を思い出させます（事象1～3）。次に、「展開」部では、新しいことがらを組み込む作業（事象4・5）と、いったん組み込まれたものを引き出す道筋をつける作業（事象6・7）の2つを支援する働きが必要となります。この「展開」部の、新しい学習内容を提示し、それについて練習し、確認する（事象4～7）ことを、ひとかたまり（チャンク）ととらえます。最後に、「まとめ」で、学習の成果を評価し（事象8）、学習したことを忘れないようにしたり、ほかの場面や話題でも使えるようにしたりします（事象9）。表2は、ガニェの9教授事象を日本語の授業にあてはめて、教師がどのように支援するのかを示した授業例です。

表２：ガニェの９教授事象を日本語の授業にあてはめたもの

「学習目標：自分の特技について話したり聞いたりすることができる」の授業例

1. 学習者の注意を引く	教師が特技をやって見せたり、動画・写真・絵を使って特技の例を見せたりする。また、何ができるか母語や日本語で学習者に質問して、学習者の経験・背景知識と授業内容を関連づける。			導入
2. 授業の目標を知らせる	上記で見せたり聞いたりしたことが、「特技」という話題に関係し、「特技について話したり聞いたりすることができる」が、今日の学習目標であることに気づかせる。			
3. 既習項目を思い出させる	前に勉強した語彙（ピアノ、ギター、歌を歌う、走る）や文型（ます形、辞書形）を思い出させ、必要に応じて口頭練習する。			
	チャンク１	**チャンク２**	**チャンク３**	
4. 新しい学習項目を提供する	音声データ（自分の特技についての話）を聞かせる。聞く前に質問を読ませ、聞く目的を明確にさせる。	「VながらV」を提示し、いくつかの例を示す。	「Vることができる」「VながらVることができる」を提示し、いくつかの例を示す。	展開
5. 学習方法を提供する	もう一度聞きたいか、何が聞き取れなかったかなど学習者に自分の聴解過程をふり返らせる。	「VながらV」の形の作り方と意味を学習者に気づかせ、理解したかどうか、確認する。	「Vることができる」の形の作り方と意味を学習者に気づかせ、理解したかどうか、確認する。	
6. 練習の機会を提供する	音声データを聞かせ、大意や細かい点を質問する。	絵を与えて「VながらV」の文を作らせたり、ジェスチャーゲームをさせたりする。	絵を与えて「Vることができる」の文を作らせたり、互いにできることを学習者同士でインタビューさせたりする。	
7. フィードバックする	学習者がタスクシートに記入した答を確認する。まちがえた学習者にはなぜまちがえたかを考えさせる。	学習者が作った文を教師やほかの学習者が訂正する。	学習者が作った文を教師やほかの学習者が訂正する。インタビュー内容を発表させて、クラス全体で感想を言わせる。	
8. 学習の成果を評価する	音声データで聞いた内容を参考に、自分の特技について短い文章を書かせ、口頭発表させる。書いた文章は、自己評価や学習者同士で評価させた後、教師に提出する。口頭発表も文章も事前に５段階の評価尺度を示し、どのように評価するか、学習者と教師で共通理解をしておく。			まとめ
9. 保持と転移を高める	複数の課ごとに「復習の課」を設け、語彙や文法の復習をさせ、総合的な活動を行う。たとえば学級新聞を作る。その中でクラスメートの特技についての記事をのせるなど。			

ガニェの9教授事象を教材作成に活かすためには、次の7つのことを考えるといいでしょう。

> ①教材の中で、学習者の注意を引くために何をするか。
> ②教材の中で、授業の目標をどのように知らせるか。
> ③教材の中で、既習項目を思い出させるか。それとも、教師に任せるか。
> ④「新しい学習項目、学習方法、練習の機会」は、ひとかたまり（チャンク）がよいとされているが、どのような構成でチャンクにするか。チャンクはいくつ設定するか。
> ⑤教材の中で、フィードバックを行うか。教師に任せるか。
> ⑥学習の成果をどう測るか。教材の中で、課ごとに評価部分を設けるか。
> ⑦学習したことを忘れないようにしたり、ほかの場面や話題でも使えるようにしたりするために、教材の中で、復習の課や総合練習の課を設けるか。

 やってみましょう

【課題10】
　習得過程や指導方略が、どのように教材の中に現れているかを分析してみましょう。『J.Bridge』（小山悟著、凡人社）の「第4課 未来：Step2 30年後の世界」を題材にします。この教材は、第2言語習得研究の成果をふまえて作成されています。まず、図1（p.24）の「第2言語の習得過程」を促進するために、どのような工夫をしているか分析しましょう。各活動は図1のどこにあたりますか。理解できるインプットにする、予測・推測させる、モニターさせるなどの活動が工夫されていますか。次に、ガニェの9教授事象のどの事象が入っているか見てみましょう。入っていないものがあれば理由を考えましょう。

〔習得過程や指導方略を教材の構成に活かす〕
　第2言語の習得過程の観点から見ると、図1の「**インプットからアウトプットにいたる学習の流れを教材の構成に反映させる**」ことが重要になります。これは、技能別教材にもあてはまります。聞く・読む活動の前後に話す・書く活動が取り入れられたり、話す・書く活動の前にインプットを与える教材が出版されるようになってきました。図3のように、聴解教材や読解教材はインプットの部分に重点が置かれ、会話教材や作文教材はアウトプットの部分に重点が置かれたものと考えればい

いでしょう。ただし、ストラテジーや練習方法は異なります。技能別の理論的枠組みや練習方法を検討するために、本シリーズ第5巻『聞くことを教える』第7巻『読むことを教える』、第6巻『話すことを教える』、第8巻『書くことを教える』などが参考になるでしょう。

図3：第2言語の習得過程と技能別教材の構成

　指導方略の観点に立って、ガニェの9教授事象から教材の構成を考えることもできます。ただし、「既習項目」（事象3）は、クラスや学習者によって異なること、「フィードバック」（事象7）は、学習者の性格、学習進度などによって異なることなどから、これらは今後も教材の中に組み込まれず、授業が果たす役割として残る可能性が高いでしょう。教師が介在しないコンピュータ教材や自習用教材の場合は、事象3、事象7も教材の中に組み込む必要があります。
　学習者はどのように学ぶか（第2言語の習得過程）、教師はどのように教えると学習を支援できるか（指導方略）、どちらの観点も十分考慮したうえで、教材の構成を考えましょう。

【本節の参考文献・参考情報】
(1) 国際交流基金日本語国際センター（2002-2004）『日本語教育シラバス・ガイドラインシリーズ』　国際交流基金日本語国際センター
　　https://www.jpf.go.jp/j/project/japanese/survey/area/country/syllabus/sy_tra.html（2021年4月5日）
(2) 吉島茂・大橋理恵ほか訳・編（2004）『外国語教育・外国語の教授、学習、評価のためのヨーロッパ共通参照枠』朝日出版社

(3) 国際交流基金（2005）『ヨーロッパにおける日本語教育事情と Common European Framework of Reference for Languages』ヨーロッパ日本語教師会／国際交流基金
(4) アーサー・ヒューズ／靜哲人訳（2003）『英語のテストはこう作る』研究社
(5) 石田敏子（1992）『入門日本語テスト法』大修館書店
(6) 小柳かおる（2004）『日本語教師のための新しい言語習得概論』スリーエーネットワーク
(7) Ellis, R.（1995）Interpretation tasks for grammar teaching. *TESOL Quarterly*, 29 (1), 87-105.

1-4. 教材分析の方法

> あなたは、今使用している教材に何か足りない点を感じて、教材を作りたいと考えたと思います。教材作成に必要な教材分析の方法を学んで、足りないと感じたことが何かを明確にしましょう。

「1-1. 教材を作る前にしておくこと」で、さくら日本語学校についての基本情報は記述できましたが、使用教材の分析は手をつけていませんでした。さくら日本語学校の使用教材の分析を通して、教材作成に必要な教材分析の方法「構造を分析する方法」と「練習をくわしく分析する方法」の2つを学びます。

(1) 構造を分析する方法：1課はどのような構造になっているか

「構造を分析する方法」とは、教材の1課の構造を次の図4のようにカード化して教材構造図を作成し、それを分析する方法です。これによって、教材の構造が視覚化され、次の①、②、③の3つの観点から問題点が把握しやすくなります。

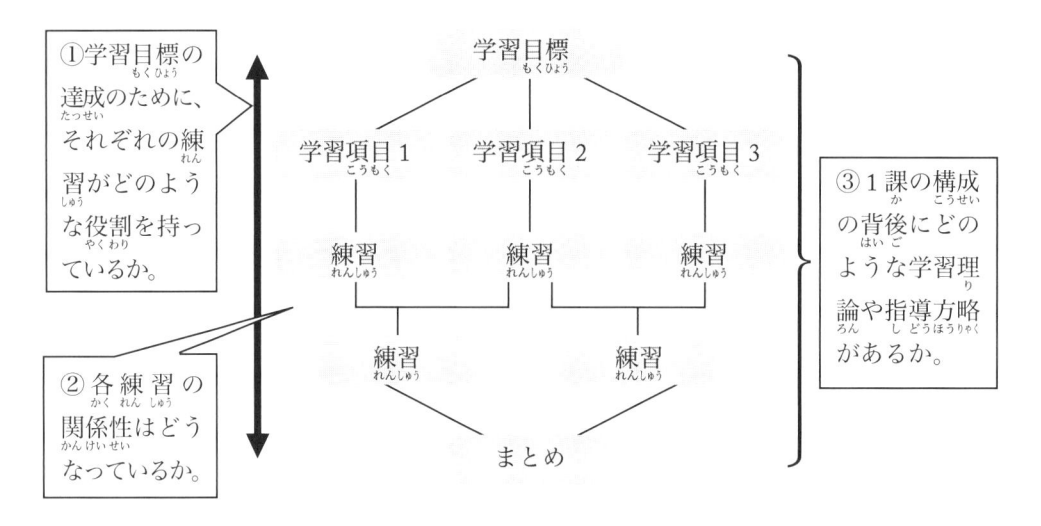

```
                        学習目標
①学習目標の
 達成のために、     学習項目1  学習項目2  学習項目3       ③1課の構成
 それぞれの練                                            の背後にどの
 習がどのよう        練習      練習      練習           ような学習理
 な役割を持っ                                            論や指導方略
 ているか。              練習      練習                  があるか。

②各練習の
 関係性はどう              まとめ
 なっているか。
```

図4：構造を分析する方法

〔教材構造図の作成の注意事項〕

　教材構造図を作成するときには、**教材作成者が「課の学習目標を達成するために、どのように課の内容を配列しているか」を読み取ってください。**あなたがこの教材を使って、どのような授業を行うかではないので、注意してください。

　次の図5は、作成途中の『新日本語の中級』第11課の構造図です。展開の部分は、学習項目を提示し、文型練習をする配列となっています。学習項目のあとに会話を配列する場合や、聴解問題を配列する場合など、いろいろな考え方ができるでしょう。グループで話し合いながら構造図を作成すると、お互いの言語学習に対する考え方を共有できます。なお、本書では、カードを使った例を紹介していますが、付せん紙（のりがついていて何度もはったりできる紙）が使えれば便利です。

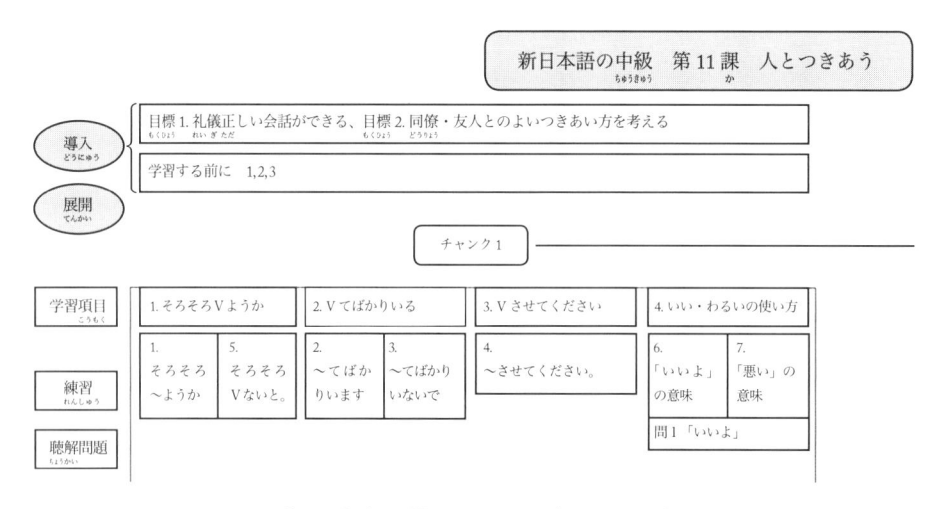

```
                              新日本語の中級　第11課　人とつきあう

  導入    目標1. 礼儀正しい会話ができる、目標2. 同僚・友人とのよいつきあい方を考える

          学習する前に　1,2,3
  展開
                                          チャンク1

 学習項目  1.そろそろVようか  2.Vてばかりいる  3.Vさせてください  4.いい・わるいの使い方

  練習    1.そろそろ   5.そろそろ   2.       3.        4.        6.「いいよ」 7.「悪い」
          ～ようか    Vないと。   ～てばか  ～てばかり  ～させてく  の意味      の意味
                                りります   いないで   ださい。
                                                                問1「いいよ」
  聴解問題
```

図5：作成途中の構造図の例（イメージ）

〔教材構造図の作成手順〕

① 「文型、例文、会話、練習」などの**課の内容をすべて書き出し**、カードに簡潔に1つ1つ記入します。会話のように内容がたくさんある場合は、「会話」とだけ書きます。

② ガニェの9教授事象の図にある「導入-展開-まとめ」という枠組みに対応させ、「導入」と「まとめ」、そして「展開」に**カードを分類**します。

③ 「展開」のカードは多いので、関連性が高いもの同士を**グループにしておきます**。ガニェの9教授事象では、「展開」とは、「新しい内容を説明し、それについて練習し、確認する」(情報提示と学習活動)をひとかたまり(チャンク)としてとらえるので、このようなひとかたまりを1つのグループとします。

④ 次は**カードを配列**する段階です。「導入」で提示された学習目標を一番上に配置し、目標に関連する課の「展開」部分の内容を目標の下に配列していきます。③でまとめたグループごとに配列を考えるといいでしょう。最後に「まとめ」のカードを並べます。

⑤ カードの全体の配列を見直して、構造図を完成させます。

やってみましょう

【課題11】

さくら日本語学校の中級コースの使用教材『新日本語の中級』(海外技術者研修協会編、スリーエーネットワーク)の構造図を作成し、分析しましょう。

(ア)『新日本語の中級』の「第11課 人とつきあう」を題材にします。「教材構造図の作成手順」にしたがって、構造図を作成し、図4の①②③の観点について分析してください。

(イ) 作成された構造図を見て、想定される学習時間(5~7時間)で、簡単な授業案を作成してください。

(ウ) 授業案作成にどのぐらいの時間がかかりましたか。授業案を見て、どのように教材の配列を変えたか、教材にないものをどのように補ったか、まとめてください。

次に、『J.Bridge』も分析してみましょう。『新日本語の中級』と『J.Bridge』、2つの教材の背後にある学習理論の違いが、教材の構成や練習の種類にどのように現れてくるか、注目してください。

【課題12】
『J.Bridge』の構造図を作成し、分析しましょう。
（ア）「第4課 未来：Step2 30年後の世界」を題材にします。構造図を作成し、図4の①②③の観点について分析しましょう。
（イ）想定される学習時間（3〜4時間）で、簡単な授業案を作成しましょう。
（ウ）授業案作成にどのぐらいの時間がかかりましたか。授業案を見て、どのように教材の配列を変えたか、教材にないものをどのように補ったか、まとめてください。

【課題12】をやってみて、どうでしたか。いろいろな構造図ができたと思います。解答編にある構造図は1例ですので、違っていてもかまいません。構造図を作成する過程で、「どのように教えたらいいか」について、あなた自身の考え方が明確になりましたか。グループで作成した場合は、お互いの考え方が共有できましたか。
【課題12】は、どのような構造図ができたかよりも、「どのように教えたらいいか」について、考え方を明確にしたり、共有したりすることのほうが重要です。

〔課の構成と授業・教師の役割〕
　従来日本で開発された総合教材は、「文型、例文、会話、練習」などが種類ごとに並べられているだけで、どう教えたら効果的かを考慮して1課が構成されているわけではありませんでした。そのため、教師が教材の内容の順番を変えたり、学習目標が達成できるように練習を補ったりして授業を行ってきました。しかし、**第2言語の習得過程や指導方略を考慮して学習の流れを考え、それを1課の構成に反映させると、学習者の学ぶ過程や教師の指導過程を教材で支援することが可能になる**と言えるのではないでしょうか。ただし、その場合でも、教師がその教材の背後にある学習理論や指導方略を十分理解し、一人一人異なる学習者の状況に合わせて、指導方法を工夫する必要があることは言うまでもありません。

（2）練習をくわしく分析する方法：どのような種類の練習が、どのように配列されているか

次に、練習部分をくわしく分析しましょう。そのためには、次の①練習の性質、②練習の活動形態、③練習の過程、の３つの観点が重要です。

①練習の性質
②練習の活動形態
③練習の過程

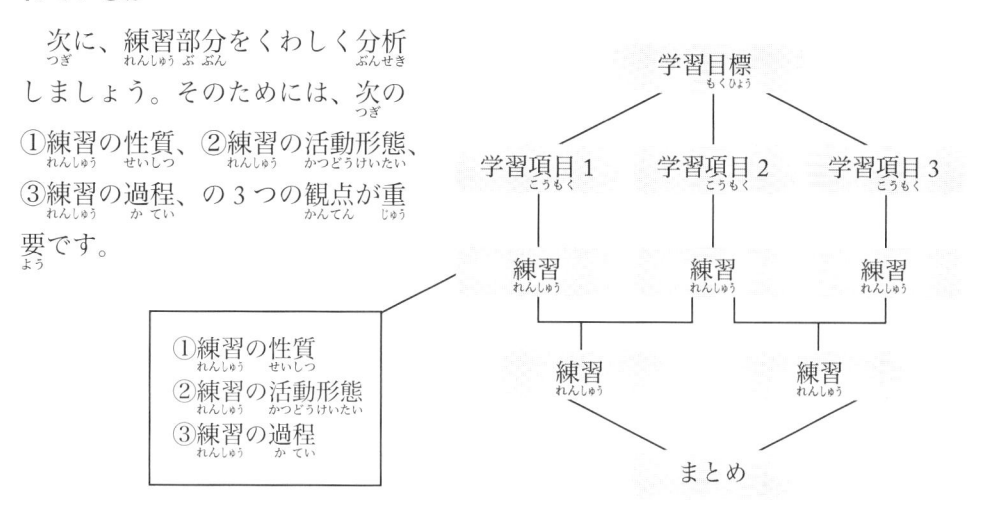

図６：練習部分の分析

〔注意〕

ここで分析の対象とする「インプット」とは、学習者が聞く日本語、読む日本語だけでなく、補助するための絵、図、映像、音声も含みます。練習や活動の指示文は含みません。

①練習の性質：

- ■教材の中で学習者に与えられるインプットの性質：音声か文字か、単文か、複文か、談話レベルのどれですか。
- ■学習者に期待されるアウトプットの性質：音声か文字か、単文か、複文か、談話レベルのどれですか。
- ■焦点・情報源：言語形式と意味理解のどちらに焦点があたっていますか。答えたり、活動したりするための情報源は、教材か、学習者本人か、または、他者（ほかの学習者、教師、辞書などリソース）のどれですか。

②練習の活動形態：

- ■学習者同士のやりとり：練習をするのはだれとだれですか。学習者同士のやりとりはありますか（教材に明示されていますか）。
- ■学習者の自発性：学習者に反応を要求していますか。その要求は「指示された通りに答える／する」ですか「考えて答える／する（自分の経験や考えを言う）」ですか。

③練習の過程：

練習の過程において、学習者の頭の中で何が起きると想定されていますか。教材で提供されている練習は、「図1：第2言語の習得過程」(p.24)のどこにあたりますか。「インプットを、理解できるインプットにする」、「運用力からアウトプットを引き出す」、「モニター」、「言語操作の訓練（自動化）」のどれですか。

〔例〕インプットを「理解できるインプットにする」ための活動：気づきをうながす、分析する、比較する、仮説を立てる、仮説を検証するなど

〔例〕運用力からアウトプットを引き出すための活動：情報を選択する、文を作る、課題に答えるなど

〔例〕モニター：インプットを理解したり、アウトプットをしたりするときにそれが正しいかどうか判断するなど

〔例〕言語操作の訓練：反復練習、代入練習などの文型練習や談話練習など

やってみましょう

【課題13】

『新日本語の中級』（第11課）と『J.Bridge』「第4課 Step2」の練習部分を、練習の①性質、②活動形態、③過程の3つの観点から分析しましょう。次のような表を用意します。練習部分に番号をつけて、表のように1つずつチェックしていくと便利です。教材に明示されていなければ、「明示されていない」と書いてください。練習部分というのは、『新日本語の中級』（第11課）では「会話の練習」から「聞こう」、『J.Bridge』では「はじめに」から「作文」までです。

教材名：

		練習・活動に番号をふる				
		1	2	3	4	5
①練習の性質						
教材の中で学習者に与えられるインプットの性質						
談話：会話ならABABなど2往復以上のやりとり、文章なら5文以上とする。	絵、図形、番号によるか					
	文字による語、句、文か					
	音声による語、句、文か					
	文字による談話か					
	音声による談話か					
学習者に期待されるアウトプットの性質						
談話：会話ならABABなど2往復以上のやりとり、文章なら5文以上とする。	絵、図形、番号によるか					
	文字による語、句、文か					
	音声による語、句、文か					
	文字による談話か					
	音声による談話か					
焦点・情報源						
焦点	言語形式に焦点があたっているか					
	意味理解に焦点があたっているか					
	意味理解と言語形式の関係に焦点があたっているか					
情報源	情報源は教材					
	情報源は本人					
	情報源は他者（他の学習者、教師、リソースなど）					
②練習の活動形態						
学習者同士のやりとり	クラス全体					
	教師と学習者					
	ある学習者からクラス全体へ					
	学習者の個人作業					
	学習者同士のペアワークやグループワーク（クラス全体で）					
学習者の自発性	学習者の反応を要求しない					
	学習者が指示された通りに答える／する					
	学習者が考えて答える／する					
③練習の過程						
	インプットを理解できるインプットにする練習					
	言語操作の訓練（自動化）					
	運用力からアウトプットを引き出す活動					
	モニター					

※ Tomolinson（1998）を参考に筆者が作成

(この表は、ひつじ書房のサイトで提供しています)

〔練習の種類や配列〕

　練習部分を、①性質、②活動形態、③過程の３つの観点から分析することによって、その教材で提供されている練習について把握しやすくなったと思います。「図１：第２言語の習得過程」の観点から見れば、「インプットを、理解できるインプットにする活動」「運用力からアウトプットを引き出すための活動」「モニター」が、重要であることがわかります。一方、自動化をうながすためには、言語操作の訓練も必要です。これらの練習が、**バランスよく教材の中に配列**されたほうがいいでしょう。

　学習者の自発的な会話能力を育てるためには、「指示された通りに答える練習」から徐々に「考えて答える練習・活動」になるように配列することも大切です。同様に、読解や文法の練習問題などで教材の中から答えを見つける（情報源は教材）だけではなく、自分の経験や考えを述べたり（情報源は学習者本人）、他者に聞いたり、辞書や資料で調べたり（情報源は他者）することも、学習者の考える力を育てるために必要でしょう。練習の指示文としてこれらのことを教材の中に明示しておくと、練習の目的が、担当する教師にも学習者にも伝わりやすいです。

　また、文字と音声をさまざまに組み合わせたインプットとアウトプットの機会を提供し、多様なコミュニケーション体験ができるように配慮しましょう。

〔技能別教材を分析する場合の留意点〕

　本節では、総合教材を分析してきましたが、あなたが技能別の教材を作りたいと考えている場合は、次のような教材を分析してみるといいでしょう。技能別教材の場合は、（１）や（２）で示した観点以外にも、ストラテジー、文体の違い、ジャンルの違いなどを分析する必要があります。文体とは「です・ます体、普通体、である体」などを指します。ジャンル（分類）としては、読解文なら「説明文・物語文・手紙・旅行記」、聴解なら「電話の会話・ニュース放送・独話・対話」などの分類があるでしょう。分類によって、テキストの形式、読む・聞くポイントが異なります。

> ＜技能別の教材の一例＞
> ●小出慶一（1996）『日本語を学ぶ人たちのための日本語を楽しく読む本・初中級』　産能短期大学
> ●小出慶一（1995）『日本語を学ぶ人たちのための日本語を楽しく読む本・中上級』　産能短期大学
> ●産能短期大学日本語教育研究室編著（1991）『日本語を学ぶ人たちのための

日本語を楽しく読む本・中級』 産能短期大学
●ボイクマン椙本総子・宮谷敦美（2004-2006）『聞いて覚える話し方・日本語生中継』（初中級編1・初中級編2・中上級編） くろしお出版
●山内博之（2014）『新版 ロールプレイで学ぶ 中級から上級への日本語会話』凡人社
●中居順子・近藤扶美・鈴木真理子・小野恵久子・荒巻朋子・森井哲也（2005）『会話に挑戦！中級前期からの日本語ロールプレイ』 スリーエーネットワーク
●荻原稚佳子・増田眞佐子・齋藤眞理子・伊藤とく美（2005）『日本語上級話者への道 きちんと伝える技術と表現』 スリーエーネットワーク

やってみましょう

【課題14】
あなたが使用している教材の構造図を作成して、図4の①②③の3つの観点から分析し、次に、練習部分を図6の①②③の3つの観点から分析しましょう。最後に、その結果をまとめて、記述しましょう。

【本節の参考文献】
(1) 菅井英明（2003）「教材の評価とその手法」『日本語教育における評価法に関する基礎的資料整備とその分析』文部科学省科学研究費補助金研究成果報告書・課題番号13680367 120-125 国立国語研究所
(2) Tomlinson（1998）*Material Development in Language Teaching*. Cambridge
(3) Tomlinson（2003）*Developing materials for language teaching*. Continuum

2 教材を設計する

2-1. 作る教材のねらいを決める

> あなたの教育現場の現状の課題を整理し、教材作成で解決できることを明確にしましょう。さらに、あなたが教材作成で実現したいことも考えて、作る教材のねらいを決めましょう。

（1）現状の課題を整理し、解決策を考える

教育現場の問題というのは複雑なので、次の5つのステップで、現状の課題を整理し、解決策を考えましょう。現状の課題が教材作成で解決できる場合は、その解決策に対応させる形で、あなたが作成する教材のねらいを決めましょう。

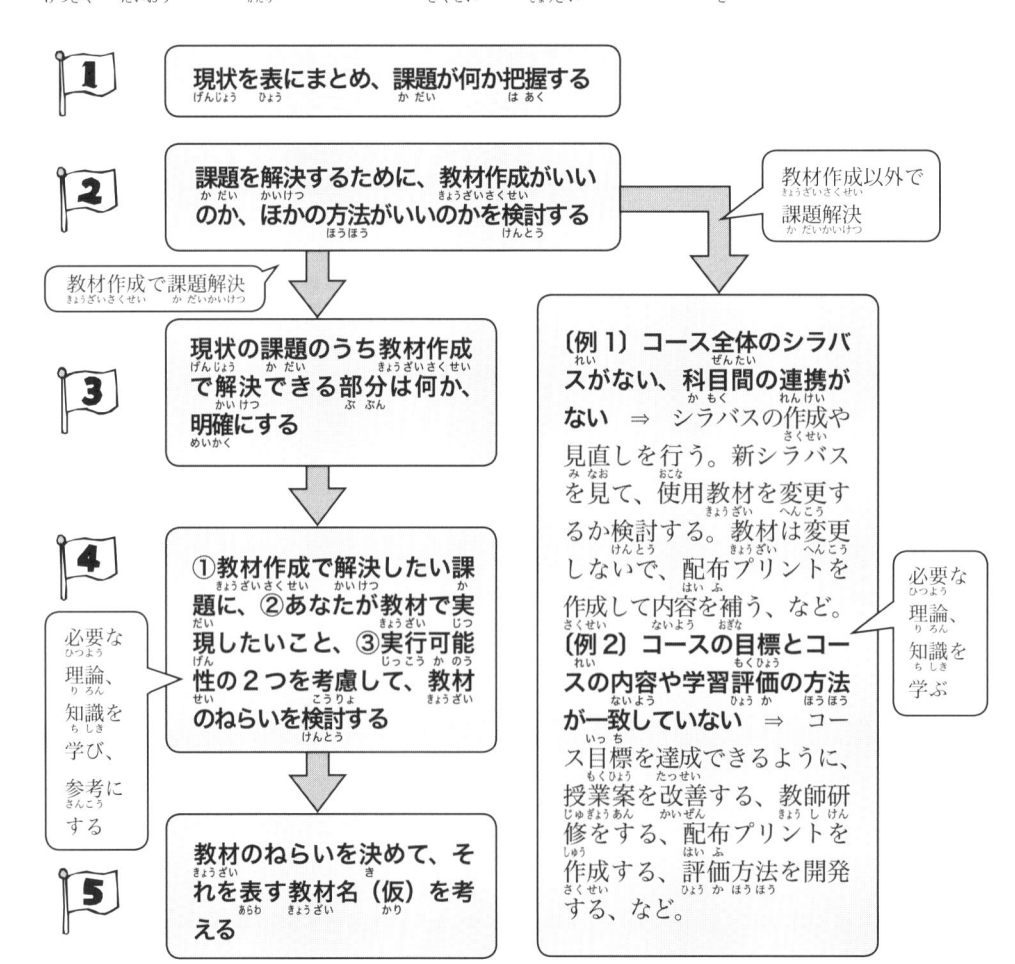

1 現状を表にまとめ、課題が何か把握する

2 課題を解決するために、教材作成がいいのか、ほかの方法がいいのかを検討する

→ 教材作成以外で課題解決

↓ 教材作成で課題解決

3 現状の課題のうち教材作成で解決できる部分は何か、明確にする

4 ①教材作成で解決したい課題に、②あなたが教材で実現したいこと、③実行可能性の2つを考慮して、教材のねらいを検討する

必要な理論、知識を学び、参考にする

5 教材のねらいを決めて、それを表す教材名（仮）を考える

（例1）コース全体のシラバスがない、科目間の連携がない ⇒ シラバスの作成や見直しを行う。新シラバスを見て、使用教材を変更するか検討する。教材は変更しないで、配布プリントを作成して内容を補う、など。

（例2）コースの目標とコースの内容や学習評価の方法が一致していない ⇒ コース目標を達成できるように、授業案を改善する、教師研修をする、配布プリントを作成する、評価方法を開発する、など。

必要な理論、知識を学ぶ

自分以外の教師も使うような1冊の教材を作るのは、大変なことです。コースにぴったりした教材がないから、自分の国の状況に合った教材がないからという理由で、いきなり作成にとりかかっても、現状の課題を解決するような教材はできません。まず、コースの現状を整理し、課題が何か把握して、その課題を解決するには、教材作成がいいのか、ほかの方法が適しているのかを検討することが重要です。教材で解決できることを明確にして、それに対応させる形で「教材のねらい」を決めます。

　教材のねらいというのは、教材を通して学習者にどうなってほしいかを指します。たとえば、ACTFL-OPIで上級の運用力を育てる、JF日本語教育スタンダードでB1の力を育てる、文化に対して気づく力や調整する力を育てるなど、いろいろ考えられます。「教材のねらい」を決めるうえで、1章の「あなたが作る教材を明確にするための13の質問」で考えたことが参考になるでしょう。

　現状の課題を解決するには、教材作成以外の方法が適している場合もあります。シラバスがなければ作成する、従来のシラバスを見直す、教材の変更を検討する、授業案を改善する、配布プリントを作るなどです。その場合は、「1–1. 教材を作る前にしておくこと」で、必要だと確認した資料や情報を、コースを実施しながら集め、それから、教材作成にとりかかるといいでしょう。

（2）事例を通して方法を学ぶ

やってみましょう

【課題15】
5つのステップにしたがって、さくら日本語学校で作成する教材のねらいを決めましょう。現状の課題をどうとらえるかによって、教材のねらいについてもいろいろな考え方ができます。できるだけたくさんのアイディアを出してください。ここで出たアイディアが、後にあなた自身の教材作成を考えるうえで参考になるでしょう。

1　「1–1. 教材を作る前にしておくこと」の【課題3】（p.5）で、さくら日本語学校の抱える問題や課題と関係がありそうな部分に、下線を引きました。下線を引いたところを次のような表にまとめましょう。

項目	抱える問題や課題	望ましい姿	解決策
学習者			
教師			
シラバス・カリキュラム			
使用教材			
授業			
評価			
その他			

まず、下線を引いたところをまとめて、「抱える問題や課題」に書きます。次に、それを見て、どうなったら望ましいのかを考え、「望ましい姿」のところに書きます。最後に「望ましい姿」を実現する解決策を考え、記入します。

現場の問題は複雑に絡み合っています。このような表を使ったり、ほかの人に話したりして、絡み合った問題を整理する方法や手段が重要です。あなたにとって一番いい解決策に見えることが、実際には解決にならない場合もあります。

2 記入した表を見て、課題を解決するために、教材作成がいいのか、ほかの方法がいいのかを検討します（この事例では「教材作成で課題解決する」に進みますが、ほかの方法も十分検討しておいてください）。

3 もう一度表を見て、①教材を作成することであなたは何を解決したいのかを、明確にします。

4 さらに、②あなたが教材で実現したいことと、③実行可能性を検討し、教材のねらいを考えます。メンバーの人数、作成にあてられる時間、予算などは限られているので、教材作成プロジェクトを実行可能な範囲に設定することが大切です（さくら日本語学校の事例では、「中級コースの1学期分50時間の教材を作成する」という範囲で、進めることにします）。

5 教材のねらいを決め、記述します。教材のねらいを一言で表す、教材名（仮）も考えます。

（3）あなたの教育現場の問題を整理し、解決策を探る

自分のプロジェクトでやってみましょう

【課題16】
5つのステップを参考に、あなたの教育現場での現状の課題を整理し、作る教材のねらいと「教材名（仮）」を決めましょう。

2-2. 教材のシラバスと課の構成を作成する

> 「教材全体のシラバスと1課の構成」の作り方を学び、あなたが作る教材の「教材のシラバス・課の構成」を作成しましょう。

「1-2. 教材作成の手順」に従うと、次は設計段階に進みます。この段階は、教材の骨格を決める重要な段階です。「教材全体のシラバス」と「1課の構成」という2種類のものを作成して、骨格を決めます。次の図7は「完成版作成にいたる大まかな手順」を示しています。実際には、条件によって手順はさまざまでしょう。しかし、どのような場合でも、シラバス全体と各課の整合性を視野に入れながら作業を進めること、各局面で形成的評価をしつつ作業を進めることが大切です。

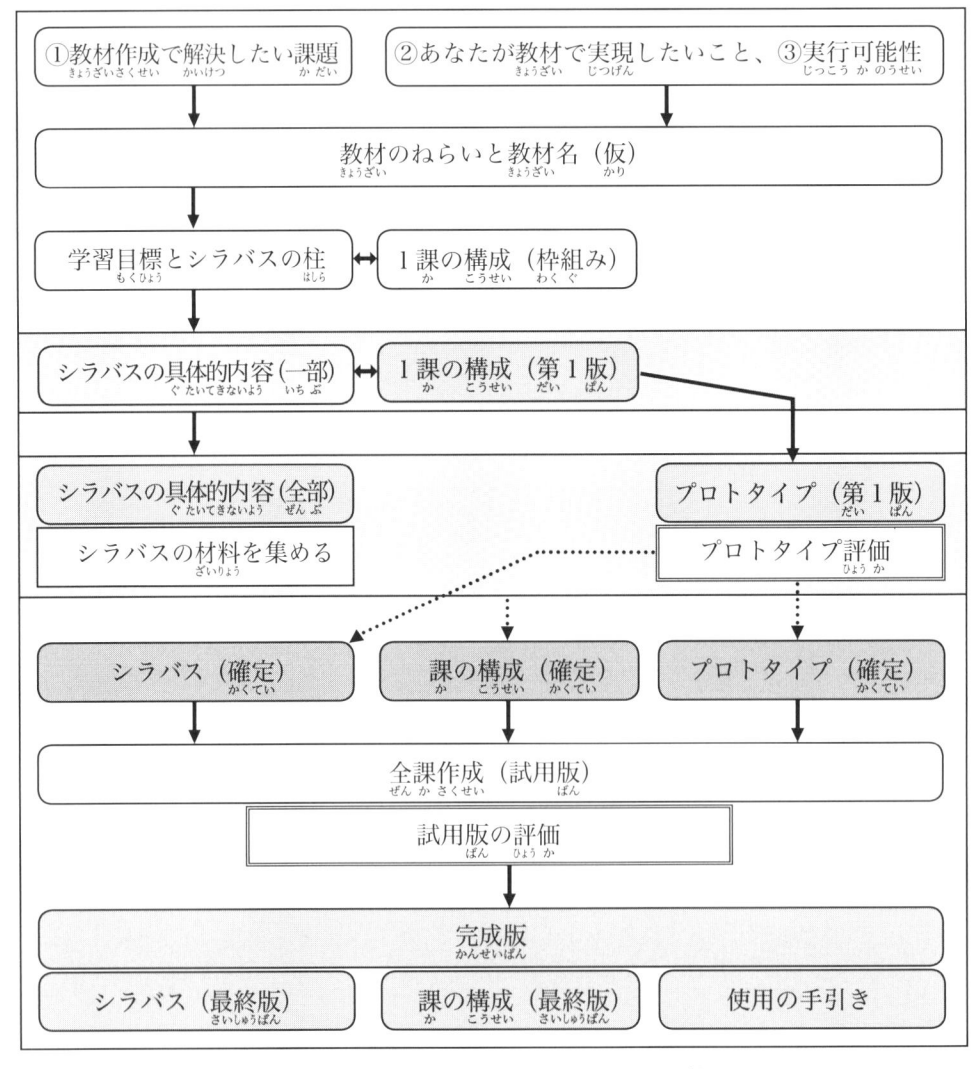

```
①教材作成で解決したい課題    ②あなたが教材で実現したいこと、③実行可能性
                ↓                    ↓
              教材のねらいと教材名（仮）
                ↓
        学習目標とシラバスの柱 ── 1課の構成（枠組み）
                ↓                    ↓
        シラバスの具体的内容(一部)   1課の構成（第1版）
                ↓                    ↓
        シラバスの具体的内容(全部)   プロトタイプ（第1版）
        シラバスの材料を集める       プロトタイプ評価
                ↓          ↓          ↓
        シラバス（確定）  課の構成（確定）  プロトタイプ（確定）
                        ↓
                  全課作成（試用版）
                        ↓
                   試用版の評価
                        ↓
                      完成版
        シラバス（最終版）  課の構成（最終版）  使用の手引き
```

図7：完成版作成にいたる大まかな手順

（1）教材全体のシラバスを作成する

教材のシラバスは、教材全体の設計図にあたり、学習時間内で教材が責任を持つ学習の範囲と流れを示します。これ以降、教材全体のシラバスを単にシラバスと呼びます。条件によってシラバスの形式もさまざまなので、次の図8では枠組みだけを示しました。どのような場合でも、**1冊の教材としての統一性を保つためには、シラバス作成は不可欠です**。シラバスを作成しないで、いきなり第1課から作りはじめると、アイディアが豊富にあるうちは順調に進むのですが、徐々にアイディアが尽きてしまって結局完成できなかったり、全体がばらばらになったりする可能性があります。

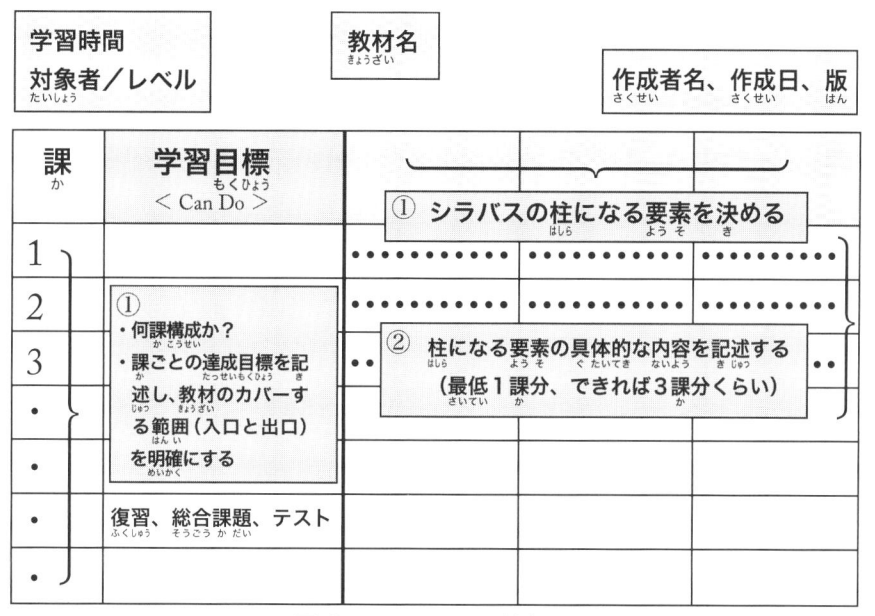

図8：シラバスの枠組み

〔シラバス作成の第1段階：学習目標とシラバスの柱を決める〕図8の①

シラバス作成の第1段階では、図8のシラバスのたて軸（学習目標）と横軸（シラバスの柱）を決めます。この2つの作成作業は、並行して進めましょう。

学習目標は、教材が終ったらできるようになること、つまり教材の入口（学習する前）から出口（学習した後）までの内容を記述したものです。**学習目標を設定するには、次の3つの方法があります**。3つの方法から洗い出された学習目標を教師が総合的に判断し、適切に配列します。

①調査を行う：学習者、卒業生（企業に就職している人など）、企業の人事担当者、留学生、留学先の研究室の関係者などを対象に、**実際の場面でどのような日本語が使用されているか、求められている日本語力（ニーズ）は何か、それ**

は実際の日本語力と合っているかなどを調べます。方法としては、アンケート、インタビュー、観察、などがあります。

②**参考資料を調べる**：既存の教材や大規模標準テストの学習目標を調べます。

③**教師が想定する**：将来を見通して、必要となる学習目標を教師が想定します。

学習目標の設定や、調査方法を考えるためは、次の資料が参考になるでしょう。

●**日本に留学する人のために**

札野寛子・辻村まち子（2002）「大学生に期待される日本語コミュニケーション能力に関する調査について」国立国語研究所編『日本語教育の新たな文脈』221-257　アルク

●**高校生の異文化理解のために**

国際文化フォーラム『高等学校の中国語と韓国朝鮮語：学習のめやす（試行版）』　国際文化フォーラム

https://www.tjf.or.jp/wp-content/uploads/2019/08/01meyasu_shiko2007j_final.pdf（2021年4月5日）

●**海外のビジネス日本語のために**

原田明子（2004）「バンコクの日系企業が求める日本語ニーズに関する分析」『早稲田大学日本語教育研究』5号　169-181　早稲田大学大学院日本語教育研究科

●**海外で提示されている学習目標**

共通参照枠組み（CEFR）に基づくスイスチェックリスト：Self-assessment checklists from the Swiss version of the European Language Portfolio

https://rm.coe.int/0900001680492f8e （2021年4月5日）

●**各国の日本語教育シラバス・ガイドライン（翻訳版）：**

https://www.jpf.go.jp/j/project/japanese/survey/area/country/syllabus/sy_tra.html（2021年4月5日）

本書では、**学習目標を達成するために必要な要素**を、**シラバスの柱**と呼びます。学習目標達成に何が必要なのかを、知識・技能・態度面から洗い出して、設定します。たとえば、知識面では「文型」「語彙」「漢字」「発音」「文化知識」など、技能面では「聞く」「話す」「読む」「書く」など、態度面では、「考える力」「気づく力」「調整する力」「状況を判断する力」などが、考えられるでしょう。そのほかにも「社会言語能力」「談話能力」「ストラテジー能力」などが、考えられます。

具体的な学習目標を想定すると、シラバスの柱も考えやすいでしょう。たとえば、「相手の趣味に配慮して予算内でプレゼントを決めることができる」という学習目

標なら、「〜をあげる・くれる・もらう」などの文型が必要になります。この場合は、「文型」がシラバスの柱の1つになります。日本語の教材では、シラバスが教材の中で示されていない場合も多いので、次に英語教材の「シラバスの柱」の例を示します。シラバスの柱を設定するときの参考にしてください。

> ■総合教材　Nunan, D.(2001) *Expressions*, Thomson/Heinle
> シラバスの柱は、最初のページの Scope and Sequence を見るとわかります。① Title（題名）、② Goals（学習目標）、③ Structures（文型・語彙など言語知識、言語構造）、④ Listening（聴解）、⑤ Pronunciation（発音）、⑥ Writing（作文）、⑦ Reading（読解）、⑧ Recycling（復習）の8つです。Recycling（復習）というのは、学習したことを計画的に何度も取り上げる「らせん状の学習」が、定着には必要だという考え方の現われでしょう。
>
> ■技能別教材　Nunan, D.(2002) *Listen In*, Thomson/Heinle
> シラバスの柱は、① Title/Topic（題名／話題）、② Goals（学習目標）、③ Sources（聞く内容）、④ Pronunciation（発音）の4つの要素からできています。聴解教材なので、Sources（聞く内容）が重要な柱になり、改まった場か気軽な場か、事務所かパーティか、対面か電話か、ラジオでのスポーツ中継か短い講義かなど、さまざまなコミュニケーション活動を聞くことができます。
>
> ■総合教材　Joseph Shaules, Hiroko Tsujioka, Miyuki Iida(2003) *Identity*, Oxford University Press
> この教材は、英語が使用されている国に行くために英語を学習するのではなく、「自分の国で英語や異文化を通して自己を見つめなおすこと」をねらいにした教材です。シラバスの柱は明示されていませんが、各課のトピックは、① Identity（自己意識）、② Values（価値観）、③ Culture Shock（カルチャーショック）、…⑩ Diversity（多様性）、⑪ Social Change（社会の変化）、⑫ Global Community（地球市民）というように、教材のねらいを示す話題が並んでいます。

自分のプロジェクトでやってみましょう

【課題17】
あなたが使用している教材では、学習目標やシラバスの柱が示されていますか。示されていない場合は、読み取ってみましょう。

〔シラバス作成の第2段階：具体的な内容を記述する（一部）〕図8の②

　学習目標とシラバスの柱が決まったら、次に、シラバスの具体的な内容の一部（3課分程度）を記述します。会話・作文教材の場合は、学習目標を見て場面や状況を考え、そこで学習者に期待するアウトプットを想定して、そのアウトプットのために必要なことをシラバスの柱ごとに記述します。聴解・読解教材の場合は、場面や状況を想定し、学習者に聞かせたい、読ませたいインプットを想定して、それを理解できるインプットに変えるために必要なことをシラバスの柱ごとに記述します。

　ここまでできると、シラバスの柱の過不足や、学習目標の内容や配列などの見直しができ、今後の作業を進めていけるかどうかの判断ができます。

（2）1課の構成を作成する

　シラバス作成作業とほぼ並行して、1課の構成を作成します。これは1課の設計図にあたり、**課の学習目標を達成するのに適した具体的な学習の流れ**を示します。したがって、「1-4. 教材分析の方法」で作成した『新日本語の中級』と『ジェイ・ブリッジ』の構造図は、「1課の構成」にあたります。同じく、1-4.で技能別教材の1例としてあげた教材の構成を読み取って、次ページに示しておきます。作成の参考にしてください。

　「1課の構成」には、学習目標を達成するのに必要な要素が入っているので、「1課の構成」の各要素をそのままシラバスの柱にすることもできます。『ジェイ・ブリッジ』の場合なら、シラバスの柱は「はじめに（背景知識の活性化）」「聴解（インプット）」「意識化（モニタリング）」「文法」「語彙」「ペアワーク活動」「作文」となるでしょう。

やってみましょう

【課題18】

次ページに示された「1課の構成の例（①〜④）」の構成を見て、インプット部分、アウトプット部分、それ以外の部分がどこにあたるか分析しましょう。次に、構成の背後にある学習理論や指導方略が何かを考えましょう。

① 『J.Bridge』
(小山悟著、凡人社)

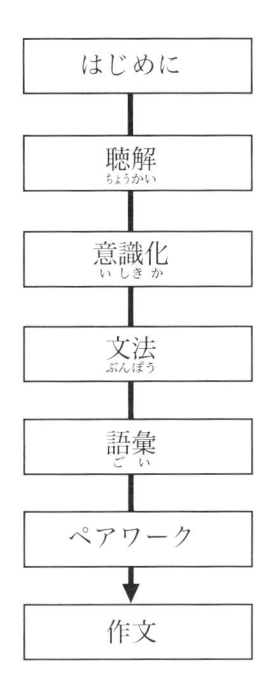

```
┌──────────┐
│ はじめに   │
└────┬─────┘
     ↓
┌──────────┐
│  聴解     │
└────┬─────┘
     ↓
┌──────────┐
│  意識化   │
└────┬─────┘
     ↓
┌──────────┐
│  文法     │
└────┬─────┘
     ↓
┌──────────┐
│  語彙     │
└────┬─────┘
     ↓
┌──────────┐
│ ペアワーク │
└────┬─────┘
     ↓
┌──────────┐
│  作文     │
└──────────┘
```

② 『会話に挑戦！ 中級前期からの
日本語ロールプレイ』
(中居順子ほか著、スリーエーネットワーク)

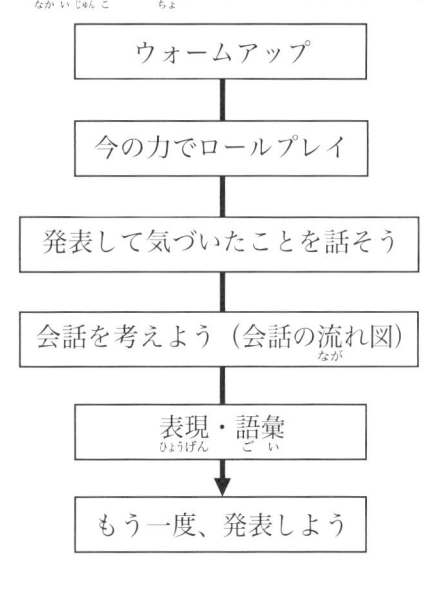

```
┌────────────────┐
│ ウォームアップ    │
└────────┬───────┘
         ↓
┌────────────────┐
│ 今の力でロールプレイ │
└────────┬───────┘
         ↓
┌────────────────────┐
│ 発表して気づいたことを話そう │
└────────┬───────────┘
         ↓
┌──────────────────────┐
│ 会話を考えよう（会話の流れ図） │
└────────┬─────────────┘
         ↓
┌────────────────┐
│ 表現・語彙        │
└────────┬───────┘
         ↓
┌────────────────┐
│ もう一度、発表しよう │
└────────────────┘
```

③ 『日本語を楽しく読む本』
(小出慶一著、産能短期大学)

```
┌──────────────┐
│ 読む前の準備    │
└──────┬───────┘
       ↓
┌──────────────┐
│ 読んでみましょう（大意） │
└──────┬───────┘
       ↓
┌──────────────┐
│ 想像してみましょう │
└──────┬───────┘
       ↓
┌──────────────────┐
│ もう一度読みましょう │
│ （詳細、表現形式）   │
└──────┬───────────┘
       ↓
┌──────────────────────┐
│ 想像してみたことと、     │
│ 考えが変わりましたか     │
└──────────────────────┘
```

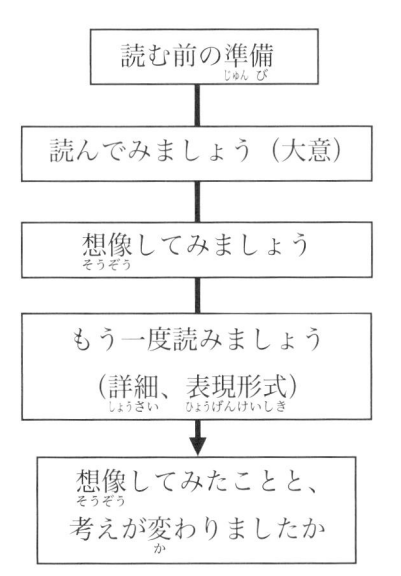

④ 『日本語生中継』
(ボイクマン総子杉本ふさ子ほか著、くろしお出版)

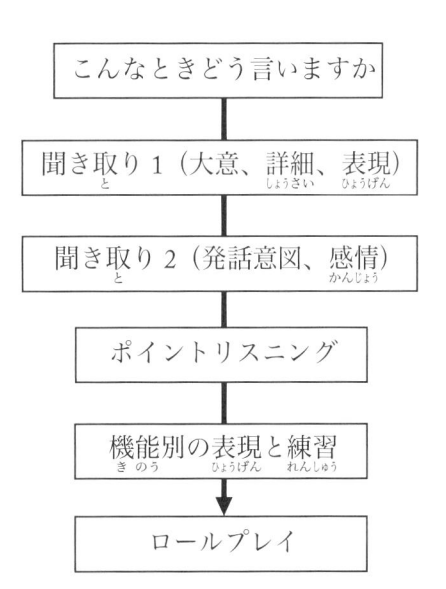

```
┌────────────────────┐
│ こんなときどう言いますか │
└────────┬───────────┘
         ↓
┌────────────────────────┐
│ 聞き取り１（大意、詳細、表現） │
└────────┬───────────────┘
         ↓
┌────────────────────────┐
│ 聞き取り２（発話意図、感情） │
└────────┬───────────────┘
         ↓
┌────────────────────┐
│ ポイントリスニング    │
└────────┬───────────┘
         ↓
┌────────────────────┐
│ 機能別の表現と練習    │
└────────┬───────────┘
         ↓
┌────────────────────┐
│ ロールプレイ         │
└────────────────────┘
```

「1-4. 教材分析の方法」では、**第2言語の習得過程や指導方略を考慮して学習の流れを考え、それを教材の構成に反映させると、学習者の学ぶ過程や教師の指導過程を教材で支援することが可能になる**ということを学びました。それをふまえて、1課の構成を作成しましょう。(ア)〜(エ)の4つの点について具体的に考えながら、1課の構成を作成します。

(ア) 学習者に、いつ、どのようなインプットを、どのように与えるか。
(イ) 学習者に、いつ、どのようなアウトプットを期待するか。
(ウ) 学習者は、いつ、どのような練習や活動を、何のためにするのか。
(エ) 学習の評価を、いつ、どのような方法で行うか。

記述した「シラバスの具体的内容」(3課分程度) の中から、1つの課を選び「課の構成」を作ると作業が進めやすいでしょう。くり返しになりますが、本書では、ガニェの9番目の事象「学習の成果を確認する」ために、「課の構成」の最後に課ごとのテストを入れることをお勧めします。

次に、(ア)〜(エ)を具体的に考えて、課を構成する要素のそれぞれの目的を明確にし、ポイントを記述しておくといいでしょう。①の『ジェイ・ブリッジ』の構成を例にとれば、「はじめに」の目的は何か、質問形式で行うのか、学習者からどのようなアウトプットを期待しているのか、そのアウトプットは想定した運用力のレベルと一致しているか、そのアウトプットを次の段階(「聴解」)にどのようにつなげるのかなど、くわしく記述します。詳細は、「1課の構成」と別に記述しておくと、プロトタイプ作成のときに、それを参照しながら作業を進めることができます。

〔シラバス作成の第3段階:シラバスの具体的内容(全部)と材料を集める〕

図7 (p.42) に従うと、次には「シラバスの具体的な内容の記述(全部)」と、プロトタイプの作成に進みます。この作業も並行して進めますが、作成者が1名しかいない場合は、先にプロトタイプを作成してから、シラバスの記述(全部)に進んでもいいでしょう。プロトタイプについては、本書の「2-3. プロトタイプを作成する」を見てください。「シラバスの具体的な内容の記述(全部)」にあたっては、次の3つのことに注意する必要があります。

①**シラバスの具体的内容(全部)を記述する作業と並行して、既存教材やインターネット素材など参考となる材料を集めましょう。**適当な材料が見つからなければ、

その時点で「学習目標」を修正する必要が出てきます。集めた材料の中から、盛り込みたい文型、談話形式、社会言語知識、語彙、ストラテジー、文化内容、素材の種類（読解活動なら説明文、グラフ、手紙など）などを選び、一覧表にしておき、それを見ながら記述していくと便利です。

②**シラバスの制約条件に配慮しましょう**。国の検定教科書の場合は、その国の教育省などによって話題や文型・語彙が決まっている場合もあるので、それに沿って話題を考える必要があります。

③**シラバスの内容に偏りがないか検討しましょう**。たとえば、男女の役割の固定化や差別の助長がないかなど、全部記述できたらもう一度見直しましょう。

やってみましょう

【課題19】
図7の手順を参照しながら、「さくら日本語学校」中級コースの1学期分の「シラバスの具体的内容」（一部）と「1課の構成」を作成します。中級コースの1学期の学習時間は50時間で週2回、1回2時間の授業が行われるので、まず1課を何時間で学習するか、全体で何課にするかなどを考えます。ガニェの9教授事象のところで触れたように、復習する課や中間テストの課を設けるかどうかも検討してください。

課	題名	学習目標			
1	自己紹介	個人情報や専門領域を話したり聞いたり、書いたり読んだりできる			
2	電話	研究者に依頼の電話をかけられる			
3	訪問	フォーマルな場で挨拶ができる。同行者の紹介ができる			

【課題20】

「シラバスの具体的内容」(一部) と「1課の構成」の2つの作成物について、意見交換をしましょう。意見交換の観点は、次の2つです。意見交換後は、出た意見を参考に作成物を修正しましょう。

● 言語知識以外の要素を考えて、シラバスを作成できたか(「1-3. 言語学習を見直す」を参照)。
● 第2言語の習得過程や指導方略などを構成に反映させて、学習者の学ぶ過程や教師の指導過程を支援するような「1課の構成」が作成できたか(「1-4. 教材分析の方法」を参照)。

自分のプロジェクトでやってみましょう

【課題21】

あなたが作りたい教材のシラバスと1課の構成を作成しましょう。

【本節の参考文献】

(1) 国立国語研究所 (1999)『日本語社会における言語行動の多様性』 国立国語研究所

(2) 国立国語研究所 (2003)『日本語総合シラバスの構築と教材開発の指針』論文集「第1巻日本語総合シラバスの構築に向けて」「第2巻言語体系・言語運用能力とその学習内容」「第3巻日本語教育の社会文化能力」「第4巻日本語学習者・教育方法・学習活動」 国立国語研究所

(3) 国立国語研究所 (2006)『日本語教育の学習環境と学習手段に関する調査研究 海外調査報告書』 国立国語研究所

(4) 社団法人国際日本語普及協会・AJALT (1997)『平成8年度社団法人東京倶楽部助成研究 在日外国人定住者に対する日本語教育のシラバス作成のための調査研究』 社団法人国際日本語普及協会

(5) 社団法人日本語教育学会編 (1999)『Can-do-statements 調査報告』 国際交流基金

(6) 国際交流基金日本語国際センター (2004)『世界の日本語教育・日本語教育事情報告編』7号 国際交流基金

(7) 国際交流基金・日本国際教育支援協会著・編 (2006)『日本語能力試験出題基準』(改訂版第3刷) 凡人社

2-3. プロトタイプを作成する

> 「教材のねらい、シラバス、1課の構成」にしたがって、教材の一部分（プロトタイプ）を作る過程について学びます。

（プロトタイプ作成の目的）

2-1.、2-2.では「教材のねらい、シラバス、1課の構成」を作成しました。これらに基づいて、教材の一部（プロトタイプ）を作成し評価します。プロトタイプの作成と評価の目的は、「教材のねらい」が「シラバス、1課の構成」として十分に満たされ、本格的な教材作成のための設計図として機能するかどうかを見極めることです。

プロトタイプの作成は、教材のサンプルとして試作する課の作成だけでなく、その課の学習を終えた後に行う課ごとのテストの作成も含みます。「1課の構成」を作るときにイメージした課をそのままプロトタイプとして作るとやりやすいでしょう。理想的には、1課だけではなく3課くらいの複数の課を試作したほうが、その後の方向性を決定する上で効果的です。しかし、現実的には複数課を試作するのは大変ですので、シラバス全体の中からプロトタイプとして作る課を決めて、その課の内容を検討します。作成する課は、「第1課　自己紹介」など、ある程度内容が作成する前からイメージできている課よりも、あえて途中の課をプロトタイプとして作ってみるほうが、「教材のねらいやシラバス、1課の構成」を再検討するための有益なデータが得られるでしょう。

＜ねらい、シラバス、1課の構成→プロトタイプ（教材のサンプル＆テスト）＞

（イメージ図）

プロトタイプを作成するときには、内容と同時に体裁つまり、字の大きさ、どのようなイラストや写真を使うかの説明、効果的なレイアウトも考えてください。この段階は、「シラバスの具体的内容の記述—材料集め—プロトタイプを作る」の3つの作業が関連しあって進みます。この段階で、グループの全員が自分の考えを出し合い試行錯誤しておくと、その後の開発がスムーズになります。

〔プロトタイプの作成手順〕

あらかじめ作成したシラバスと課の構成に基づき、また教材作成のために収集したデータや素材を利用して、1つの課の内容を具体的に作成していきます。

プロトタイプを作成するとき、具体的な作業として次のような作業が必要になります。

（1）インプットとして与える言語情報を作成する
（2）さまざまな練習や活動を作成する
（3）学習のフィードバックや評価の方法を考え、課ごとのテストを作成する

これら3つの作業内容と注意する点について整理しておきましょう。

（1）インプットとして与える言語情報を作成する

作成する教材の種類や目的によって、学習者に与えるインプットも異なるでしょう。たとえば、音声や映像によるインプットを与えるとすると、シナリオを作成し、音声や映像を作成し編集する作業が必要になってくるでしょう。どのようにだれがシナリオを作成するのか、録音に協力してくれる人や声優の手配、録音するための場所や機材の確保など、②のさまざまな練習や活動の検討と合わせて作業を進める必要があります。録音や撮影はとても手間と時間がかかる作業ですから、シナリオの確定と録音や撮影のタイミングはプロジェクトメンバーでよく話し合って決めておく必要があるでしょう。また、ニュースやTV番組や新聞記事など、生の素材を利用した教材を作成し出版したい場合もあるでしょう。そのような場合は、前もって使用許諾の手続きをとる必要があります。いずれにしても、インプットとして与える情報の収集と作成は、時間とコストと手間がかかることを覚悟しておきましょう。

（2）さまざまな練習や活動を作成する

　作成する教材では、インプットとして与える言語情報をもとに、その課の学習目標を目指してさまざまな練習や活動を提供することになるでしょう。インプットとして与える情報の検討と並行して、学習者に期待するアウトプットを想定しながら、具体的な練習や活動の検討を行う必要があります。練習の数、内容、順番を検討し、練習に必要な写真やイラストやデータなどの収集などを行う必要もあるでしょう。

（3）学習のフィードバックや評価の方法を考え、課ごとのテストを作成する

　シラバスと課の構成を検討したとき、学習の評価をいつ・どのように行うのかという方針を決めました。プロトタイプ作成の段階では、その課の学習を終えた段階でどのような評価を行うのか、学習者が練習や活動を行った後、その結果が正しいかどうかをどのように学習者に確認させるのか、学習目標に応じた具体的な評価方法を決め、テストなどの評価ツールを作成する必要があります。このテストの目的は、試作した課を学習した結果、学習者がその課の学習目標を達成することができるのかどうか、学習効果を確かめることです。そして、そのテスト結果は、プロトタイプの形成的評価の材料の１つとして使うことができるのです。ここで言う、「テスト」とは、単に筆記テストや口頭テストだけでなく、学習者の自己評価など、学習効果を測定する手段としての広い意味でのテストを意味します。「1-3. 言語学習を見直す」で勉強したように、学習評価の方法は、作成する教材のねらいや目標に応じて、検討する必要があります。

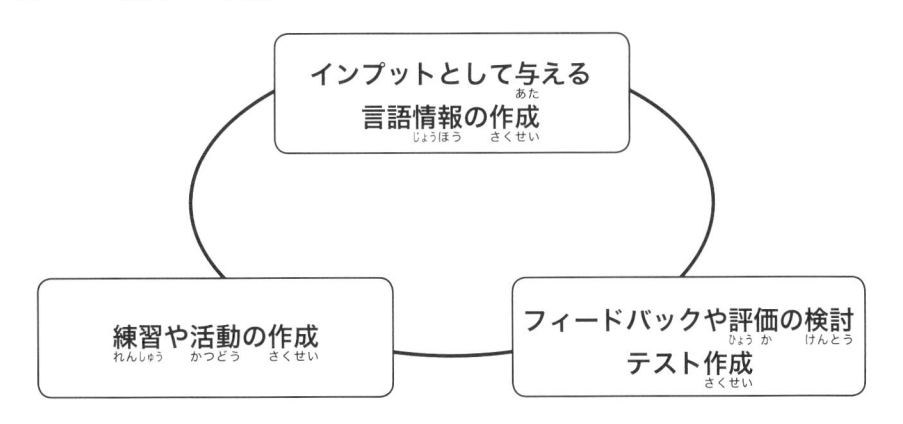

```
            ┌──────────────┐
            │ インプットとして与える │
            │ 言語情報の作成   │
            └──────────────┘
              ╱              ╲
┌──────────┐              ┌──────────────────┐
│ 練習や活動の作成 │──────────│ フィードバックや評価の検討 │
│            │              │ テスト作成         │
└──────────┘              └──────────────────┘
```

　これら３つの作業は、相互に関連した作業です。プロトタイプの作成は、この３つの観点から常に実行可能性（feasibility：フィージビリティ）を探りながら進めていく必要があります。一度作成したインプットを変更すると、それをもとに作成した練習や活動や評価方法も変更する必要が出てきます。また反対に、作成したイン

プットに基づいて練習や活動や評価方法を考えてみた後に、インプットを変更する必要が出てくる場合もあるでしょう。プロトタイプ作成の段階では、このような教材作成過程の試行錯誤が十分に行えることが重要です。

しかし、いつまでも試行錯誤をしているわけにはいきません。最も影響力の大きいのは、インプットとして与える言語情報の決定です。プロジェクト内で慎重に検討し、いつ確定するか決定しておく必要があるでしょう。

もし、作成する教材がコンピュータ教材や、インターネット教材の場合は、提供する教材の「器」ともいえるシステムのプロトタイプの開発も同時に進める必要があります。ですから、教材の内容面と提供方法としてのシステム面の両面から検討する必要があり、同時に進めるべき作業がより複雑にからみ合ってきます。

自分のプロジェクトでやってみましょう

> 【課題22】
> 2-2.の【課題21】(p.50)で作成した「シラバス、1課の構成」に基づいて、プロトタイプを作成してみましょう。

2-4. プロトタイプを評価する

> 2-3.で作成したプロトタイプの評価方法について学びます。

(1) プロトタイプの評価

プロトタイプの評価の目的は、プロジェクトメンバーで検討し作成した「教材のねらい、シラバス、1課の構成」に基づいて、実際に教材の一部分を試作することにより、それらが妥当かどうか評価し、本格的な教材作成に取りかかる前に計画の調整を行うことです。プロトタイプの評価は、その後の教材作成作業の方向性を決めるために大変重要な役割を果たします。

プロトタイプの評価は、大きく分けて次の2つの観点からの評価が必要になります。

> ①わかるか・できるか評価
> 「教材を使う教師や学習者が、その教材の指示や説明などを理解し、順調に学習を進めることができるか」という観点からの評価は、教材としての第一関

門と言えるでしょう。
②学習効果の評価
「わかるか・できるか」という第一関門を突破できたら、今度はその教材で学習する前と学習した後で、「学習効果があるかどうか」という観点からの評価が、教材として求められるでしょう。

〔わかるか・できるか評価〕
「その教材の内容がわかるか、学習を進めることができるか」は、プロトタイプの**作成途中**やプロトタイプの**作成が終わった時点**で行います。わかるか・できるか評価は、使いやすさを評価するためのもので、ユーザビリティ（usability）評価と言う場合もあります。

プロトタイプの作成途中の評価は、教材の構成やレイアウトがある程度決まった時点で、学習者や教師に説明を行い、意見を聞くという方法をとることが多いです。
プロトタイプの作成が終わった時点で行う評価は、学習効果の評価と合わせて行います。教材で学習しているところを観察・記録し（観察プラン、経過時間記録用紙）、学習が終わってから質問紙調査（アンケート）や、インタビューなどの方法で、問題点を発見する方法がとられます。

①観察プラン、経過時間記録用紙による評価
観察プランとは、学習者や教師の進行状況を見守って、予想したとおりに学習が進んでいるか、何か困ったことは起きていないか、などをチェックするためのものです。作成の際、迷ったところや、不安な部分などをあらかじめ選んでおいて、その部分の学習者の反応をメモすると効果的です。

経過時間記録用紙とは、予想通りの学習時間で進んでいるかどうかを記録するためのものです。どの部分にどのくらいの時間がかかるか、予想時間を記入し、実際に学習しているようすを観察しながらかかった時間を記入していきます。予想時間と実際にかかった時間を比較することで、教材を直すときの参考になります。

観察プランと経過時間記録用紙は、別々に用意することもできますが、同じ用紙を使って、経過時間を記録しながら、学習者や教師の進行状況をくわしく記録していくこともできるでしょう。

②質問紙調査（アンケート）、インタビューによる評価
教材について学習者や教師の意見を聞くためにアンケートを実施します。教材のねらいや練習の目的が学習者に伝わったかどうか、また、「構成、レイアウト、内容」

について、よかった点、悪かった点、追加してほしい点などを聞きます。教材で実際に学習した人や教えた人の意見は、教材をよくするためにとても役にたちます。

〔学習効果の評価〕
　ある課をプロトタイプとして試作し、その学習効果を測る場合は、その課の学習目標に照らし学習する前の能力を把握したうえで、学習後の達成度を測る必要があります。「2-3. プロトタイプを作成する」では、プロトタイプとして作る課の学習目標に応じた具体的な評価方法を決め、課ごとのテストなどの評価ツールを作成する必要があることを確認しました。このテストの目的は、「学習効果を確かめる」とともに、「プロトタイプの評価を行う」ことであるということを確認しました。
　学習効果を測る方法として、筆記テストや会話テストなど、さまざまなテストによって効果を測定することが多いです。これまで同様、「テスト」とは、狭い意味でのテストではなく、学習効果を測定する評価ツールとしての広い意味でのテストを意味します。

　学習効果をテストで測定する場合、次のようなテストを準備する必要があります。
①前提テスト
　前提テストは、**教材の対象者としての前提条件を満たしているかどうか、準備ができているかをチェックするためのテスト**です。試作部分の教材を利用する前提として、どのような基礎知識／技能を必要とするのか、またそれをどのように確認するのか明確にしておく必要があります。たとえば、さくら日本語学校の中級コースの場合、前提条件を日本語能力試験N4合格とするならば、日本語能力試験N4相当のテストを前提テストとして準備し、60％以上の正答率の学習者がその教材で学ぶ学習者の候補となります。前提テストに代わる情報がある場合、たとえば、その地域や機関独自に行っているテストの結果など学習者の能力がわかっている場合は、前提テストを省略してもいいでしょう。
②事前・事後テスト
　事前テストは、**教材の対象者が教材をやる前からすでに学習目標に到達しているかどうかをチェックするためのもの**です。内容的には、事後テストと同じもの、あるいは同程度のものを用意します。事前テストに合格したら、教材をやる前から目標に達していることになるので、この教材で学習する必要はないということになります。
　事後テストは、**教材で学習したあとで、学習目標として設定した知識や技能が身

についたかどうか教材の学習効果を確認するものであり、形成的評価の分析の主な道具になるものです。「2-3. プロトタイプを作成する」で述べたとおり、課の学習目標を達成したかどうかを測るための評価の方法を具体的に検討し、課ごとのテストとして用意している場合は、このテストを事前・事後テストとして用いることができます。

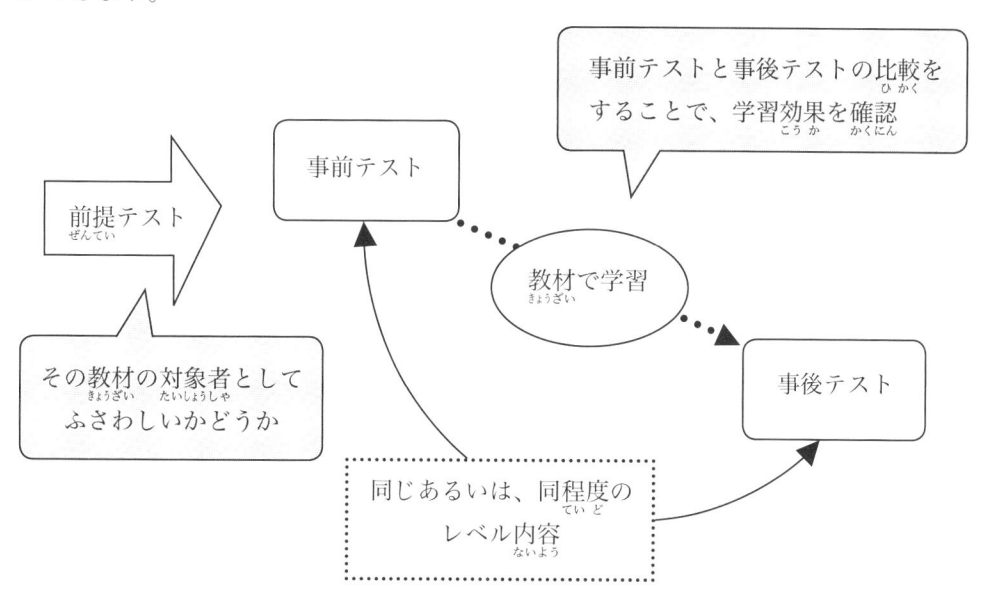

```
前提テスト → 事前テスト
             ↑         事前テストと事後テストの比較を
             |         することで、学習効果を確認
             |
その教材の対象者として    教材で学習
ふさわしいかどうか          ↓
             同じあるいは、同程度の → 事後テスト
             レベル内容
```

（2）プロトタイプ評価の進め方
（形成的評価の3つのステップ）

「1-2. 教材作成の手順」で、教材を作成する途中で行う「形成的評価」は、教材をよくしていくために重要であることを確認しました。作成途中で行う形成的評価には、設計の段階で行う「**プロトタイプの評価**」と、開発と試用の段階で行う「**試用版の評価**」の2つがありました。形成的評価の進め方として、次の3つのステップがあります。まず「**1対1評価**」を行い、次に「**小集団評価**」を行い、最後に「**実地テスト**」へと進みます。

本書では、**プロトタイプの形成的評価**として、「**1対1評価**」と「**小集団評価**」を行うことを提案し、ここでは、プロトタイプ評価の2つの段階を中心に整理します。「**実地テスト**」については、**試用版を実際の教育現場で試用する段階**と考え、本節の最後で少し触れる程度にします。

プロトタイプ評価は、「わかるか・できるか評価」と、「学習効果の評価」の2つの観点から行います。「1対1評価」においても、「小集団評価」においても、この2つの観点から評価を行いますが、第1段階の「**1対1評価**」では「**わかるか・できるか評価**」に重点が置かれ、次の段階の「**小集団評価**」では**学習効果の評価に**

重点が移っていきます。

　プロトタイプ評価を行う場合は、前提テストに合格して、事前テストに合格できない人を協力者として探す必要があります。プロトタイプの評価を行う段階では、教材についてよく理解しているプロジェクトメンバーが中心となって評価を実施することが多いでしょう。教材の内容にもよりますが、教室での使用を前提とする教材の場合、教師として教材を使って学習者に授業を行う人、その様子を観察し記録する人、授業の前後でテストを行う人、授業の前後でアンケートやインタビューを行う人など、役割分担をしっかり決めておく必要があるでしょう。

〔1対1評価〕

　最初の評価は、学習者1人を対象にして行います。教室で複数の学習者と一緒に学ぶことを前提とした教材であっても、まずは学習者1人を対象にしてその反応をくわしく観察するとよいでしょう。この段階で、事前・事後テストによる学習効果の確認も行いますが、1対1評価の主な目的は、「わかるか・できるか評価」で、「その教材の内容がわかるか、学習を最後まで進めることができるかどうか」を確認することです。途中で教材の使い方がわからなくなったり、教材の指示や内容がわからない部分があったりするかもしれません。

　進め方としては、まず**趣旨説明**をしたあと、**前提テストと事前テスト**を行い、形成的評価の協力者として適しているかどうかを判断します。適切だと判断した場合は、教材を使って学習を開始します。教材を使って学習する様子を観察し記録します。わからない点があったら、その場で補足して、先に進みます。観察者は、何がわからなかったのかをメモしておきます。学習が終ったら、事後テストを受けてもらい、次に**アンケートあるいはインタビュー**に進みます。このように1人ずつ評価をしてもらいます。1対1評価は、1回に1人ずつですが、何人かくり返して実施し、人によって反応が異なる点がないかどうか確かめたほうがいいでしょう。1対1評価を実施した後に教材を改善し、必要に応じて、また別の人に協力してもらって1対1評価を行ってもいいでしょう。

〔小集団評価〕

　形成的評価の次のステップは、「小集団評価」で、複数の学習者に一度に教材を使って学習してもらいます。教室内での使用を前提とした教材の場合は、実際にその教材を使って授業を行うことになります。この段階では、1対1評価で発見された教材の改善点は対応できているはずですから、途中で教材の使い方がわからなくなってしまったり、教材の指示や内容がわからない部分はもうすでに改善されているはずです。

　小集団評価の目的は、より多くの学習者にとって「わかるか・できるか」を確かめることと、ある程度の人数を対象に教材の学習効果を確かめることです。10人から20人くらいの学習者を集めて、その中の何人が合格点に達したのかを調べることにより、教材の学習効果について確かめることができます。合格点に達した人が少なかった場合は、改善すべき点を発見し、対応した後にもう一度小集団評価を行う必要があるでしょう。小集団評価の進め方は、基本的に1対1評価と同様ですが、この段階で最も重要なのは、事後テストの結果になります。

趣旨説明 → 前提テスト・事前テスト → 教材を使って学習 → 事後テスト → アンケート／インタビュー

（教材を使って学習には：観察プラン、経過時間記録用紙）

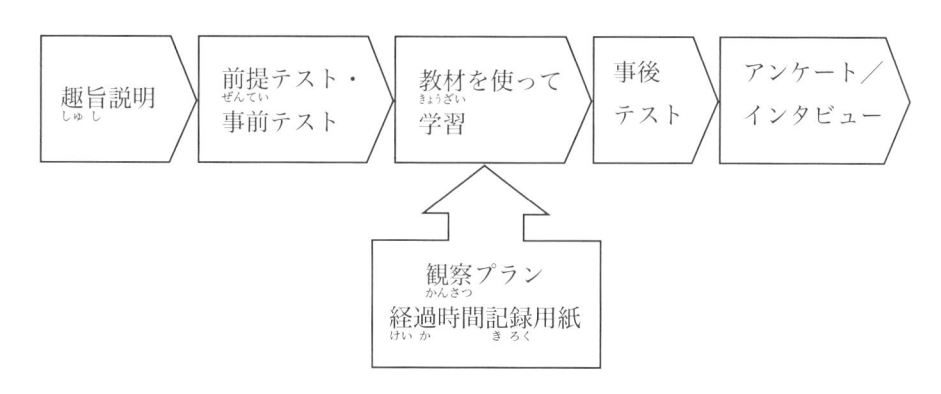

図9：「1対1評価」「小集団評価」の進め方

（3）プロトタイプの改善

〔プロトタイプ改善の対象〕

「1対1評価」や「小集団評価」などの形成的評価の結果に基づいて、プロトタイプの改善を行う必要がありますが、改善の対象には、どのようなものがあるでしょ

う。改善の対象となるのは、教材だけではありません。これまで作成したものは、すべて改善する候補となります。

これまでに作成したものは、次のようなものがありました。これらが、改善の対象となります。

---

①シラバス、1課の構成
②プロトタイプ
　●教材本体
　　ア．教材の指示や説明（インストラクション）
　　イ．教材のレイアウト、写真やイラスト
　　ウ．インプットとして与える言語情報
　　エ．さまざまな練習や活動の内容や順番
　　オ．学習のフィードバックの与え方や評価の方法
　●テスト（前提テスト、事前・事後テスト）
③アンケート（またはインタビュー項目）

〔形成的評価の結果の解釈〕

プロトタイプの改善の対象は、教材だけではないことを整理しました。それでは、次に形成的評価の何を見たら改善の方法がわかるのか、また何をどう直すと効果があるのか、形成的評価の結果の解釈についてその手順を整理しましょう。

形成的評価の結果を解釈する場合、「学習した結果はどうだったか」を検討した後に、「学習過程はどうだったか」について検討します。

①学習した結果はどうだったか

学習した結果は、「事後テスト」と「アンケートやインタビュー」の結果を見ます。

■形成的評価で、最も重要な結果は「事後テスト」の結果です。事後テストに不合格では、その教材に学習効果があったとは言えません。事後テストの結果が悪かった場合、全般的に悪かったのか、特定の部分だけが悪かったのか、これらの点について分析します。

■次に調べるのは、アンケートまたはインタビューの結果です。事後テストの結果がよくても、教材に対する印象は必ずしもいいとは限りません。事後テストの結果がいい場合でも、教材に対する学習者の印象を知ることができます。事

後テストの結果が悪い場合は、アンケートやインタビューからその原因を分析することができます。

②学習過程はどうだったか

学習する過程がどうだったのかは、学習過程を記録した「経過時間記録用紙」や「観察プラン」によって調べることができます。

- ■「経過時間記録用紙」は、予想以上に時間がかかってしまったところや、逆にすぐ終わってしまったところはないか、その原因は何か、対策は必要かなどを検討する材料として使うことができます。
- ■「観察プラン」は、作成過程で不安だったところは実際に教材として使ってみてどうだったか、学習者が「わからなかったところ」「できなかったところ」はどこで、どのように直せばそれらの問題を解決できるか、などについて検討するための材料として使うことができます。次の図は、形成的評価の結果の解釈の手順を示したものです。

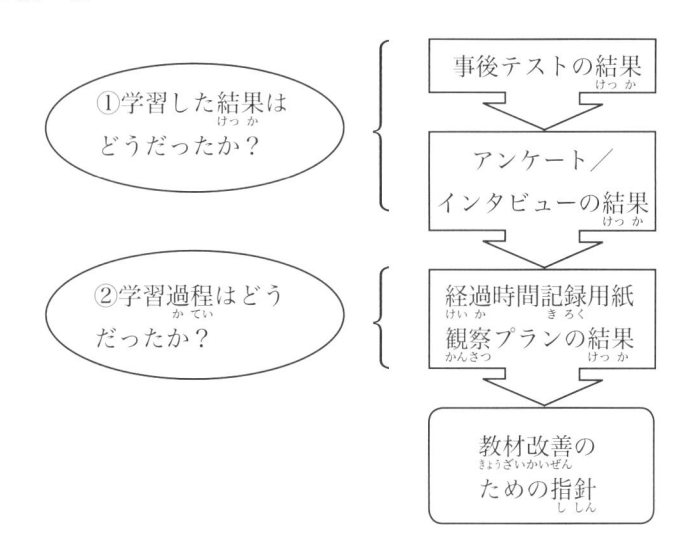

図10：形成的評価の結果の解釈の手順

（4）プロトタイプ改善の手順

事後テストやアンケート・インタビューの結果など、さまざまな観点から形成的評価の結果を検討したら、教材の改善を行います。教材を改善するにあたって次のような4つの改善方法が考えられるでしょう。

> ## ４つの改善
> ① どこかに何かを加える。（不足しているものがあるとき）
> ② どこかの何かを削る。（多すぎるものがあるとき）
> ③ どこかの何かを別のところへ移動する。（順番がまずいとき）
> ④ どこかの何かを変更する。（もっとよい内容を思いついたとき）
>
> 鈴木（2002：130）

　しかし、思い通りの結果が得られないからと言ってすぐに教材本体を作り直そうとするのはよくありません。〔プロトタイプ改善の対象〕で整理したように、教材以外の改善対象となるものを含めて検討します。①〜④の４つの改善の中では、まず、作成した部分を最大限生かした改善が行えないか、つまり、①〜③の「加える、削る、移動する」で対応できないか検討することが重要です。④の「内容を変更する」という改善方法は、①〜③の改善方法を検討した後にとっておきましょう。

　具体的には、次のような手順で教材を見直すといいでしょう。

- ■まず、教材本体ではなく、**テストのやり方や内容**が問題だったのではないかを検討します。
- ■次に、**教材の構造の見直し**をします。作成した部分には問題がないが、何かが不足しているから事後テストの結果が悪かったのではないか、順番に問題があるため事後テストの結果が悪かったのではないかなど、教材の**課の構成や練習の順番**などを検討します。
- ■その後、作成した部分の内容（教材の指示や説明、教材のレイアウト、写真やイラスト、インプットとして与える言語情報、さまざまな練習や活動の内容、学習のフィードバックの与え方や評価の方法）について、個々の**内容**をくわしく見て、変更点を検討していきます。
- ■最後に、教材作成側の**意図が学習者に伝わっていたかどうか**を確認します。

　「直すとしたら何ができるか」まず、**すべてを洗い出す**ことが重要です。実際にどう直すのかは後で考えます。「理想的にはこうすればよいのではないか」を考えることが重要です。その洗い出し作業が終わってから、実際にどう改善するか優先順位を決めていくのです。優先順位を決めるにあたっては、「改善するために必要な時間や労力が改善による効果に見合うものになるだろうか」という**改善のコスト効果**を考慮することが重要です。すぐに直すことができて、効果が大きい改善点

から実行に移しましょう。また、教材作成は、一度作成して終わりではなく「Plan-Do-See」を回転させていく過程であるという前提にたち、次の改定作業で対応することも検討しましょう。また、開発スケジュールを、2次開発、3次開発と段階的に組み直すことで対応することもできるでしょう。修正する内容が確定したところで、もう一度マスター・スケジュールを見直し、プロジェクトで共有することが重要です。

（5）試用版の評価

最後に、開発と試用の段階で行う「試用版の評価」について整理しておきましょう。試用版の評価の目的は、**「教材のねらいが作成した教材で達成できているかどうか」**と、**「現実の場面で使った場合に何か問題点がないかどうか」**を確認することが目的です。実地テストとも言われる試用版の評価では、教材を作ったプロジェクトメンバー以外の人がその教材を使って実際に授業を行います。そのために、その教材を使って教えるための教師用マニュアルを用意し、場合によっては教材の使い方を伝えるための教師研修を行う必要もあるでしょう。試用版の作成と同時に、教師用マニュアルの作成や、教師研修の準備も進める必要があります。教材を最初から終わりまで通して使うことにより、わかりにくいところや使いにくいところはないか、最終的な確認を行います。

国家プロジェクトの教材や、出版の時期が決まっている場合などは、試用期間や試用回数に制約がある場合もあるでしょう。また、特定の教育機関内のコースで使用する教材の場合は、複数回の試用を経て出版するという場合もあるでしょう。試用版の評価の観点もプロトタイプ評価同様、「わかるか・できるか」評価と学習効果の評価の2つです。試用版の改善の手順も、プロトタイプ改善の手順と同様です。それぞれのプロジェクトの事情によって、試用版の改善に費やす時間とコストは異なることでしょう。いずれにしても、プロジェクトの初期の段階に、さまざまな事情や制約を考慮したうえで実行可能なスケジュールを作成しておく必要があるでしょう。

自分のプロジェクトでやってみましょう

【課題23】
2-3.の【課題22】(p.54)で作成したプロトタイプをどのように評価するか、その評価計画を立ててみましょう。

3 企画書を作成する

> 1章、2章で、あなたが作りたい教材のイメージがだいぶ固まってきたと思います。3章では、これまでの作業を「企画書」の形でまとめていきながら、企画書の作り方や、プロジェクトの体制やスケジュール作りについて学びます。

　企画書は、現状分析（See）と設計（Plan）の2つの段階で行ったこれまでの作業の集大成です。つまり、分析・設計段階で行った作業結果をまとめ、作成する教材の基本方針を明確にし、その後の作業計画を立てるために大変重要な役割を果たします。

　企画書では、「現状の課題」「教材のねらい」「期待される効果」が一貫性を持ち明確に記述されていることが重要です。企画書には次の3つの役割があります。

■ 企画書として整理し文書化しておくことで、プロジェクトメンバーで**教材作成の方向性を共有**し、本格的な教材作成に取りかかる前に不足している点はないかどうか点検できます。

■ 企画書は、その後の教材作成作業を支え、**迷ったときの道しるべ**となります。

■ 企画書は、教材作成のための予算確保や体制面の説得など、**対外的に説明が必要な場合**や、**企画案の承認を得る場合**にも効力を発揮します。

　pp.66-67の内容は、教材企画書に盛り込みたい内容の一覧です。ここで示した企画書の書式は、あくまでも参考例です。プロジェクトの内容や企画書の使用目的などを十分考慮して、企画書に含める項目やその順番について、プロジェクト内で検討しましょう（🖥 企画書の書式はひつじ書房のサイトで提供しています）。

3-1. 企画書の作り方

　企画書は、「1. 教材作成の背景と目的」と「7. 参考文献」以外の部分は、大きく「分析」「設計」「管理」の3つで構成されています。企画書は1～7の順番で書いていくのではなく、次のような手順で記述していくと作成しやすいでしょう。

①まず、「現状分析」で行った作業を、企画書の「分析」の部分に整理して記述します。
②次に、「設計」で行った作業、つまり「教材のねらい」を決め「シラバス、課の構成」を作成した結果を「設計」の部分に記述します。ここで記述するシラバスと課の構成は、プロトタイプ評価を経て見直したものとなります。シラバスと課の構成の記述は、添付資料として参照したほうがわかりやすいでしょう。
③「設計」の部分の後半「試作」の部分は、プロトタイプの概要と評価を記述し、教材として実現可能性が高いことを示します。実際に作成したプロトタイプは、添付資料として参照できるようにします。③のプロトタイプの概要と評価について記述してから②のシラバスと課の構成を記述してもよいでしょう。
④そして、「管理」の部分には、「設計」以降「開発と試用」「実施と評価」の段階で必要な作業を洗い出し、作業計画や体制などについて記述します。
⑤最後に、あるいは「分析」と「設計」の部分を記述した後に、「1. 教材作成の背景と目的」を簡潔に記述します。

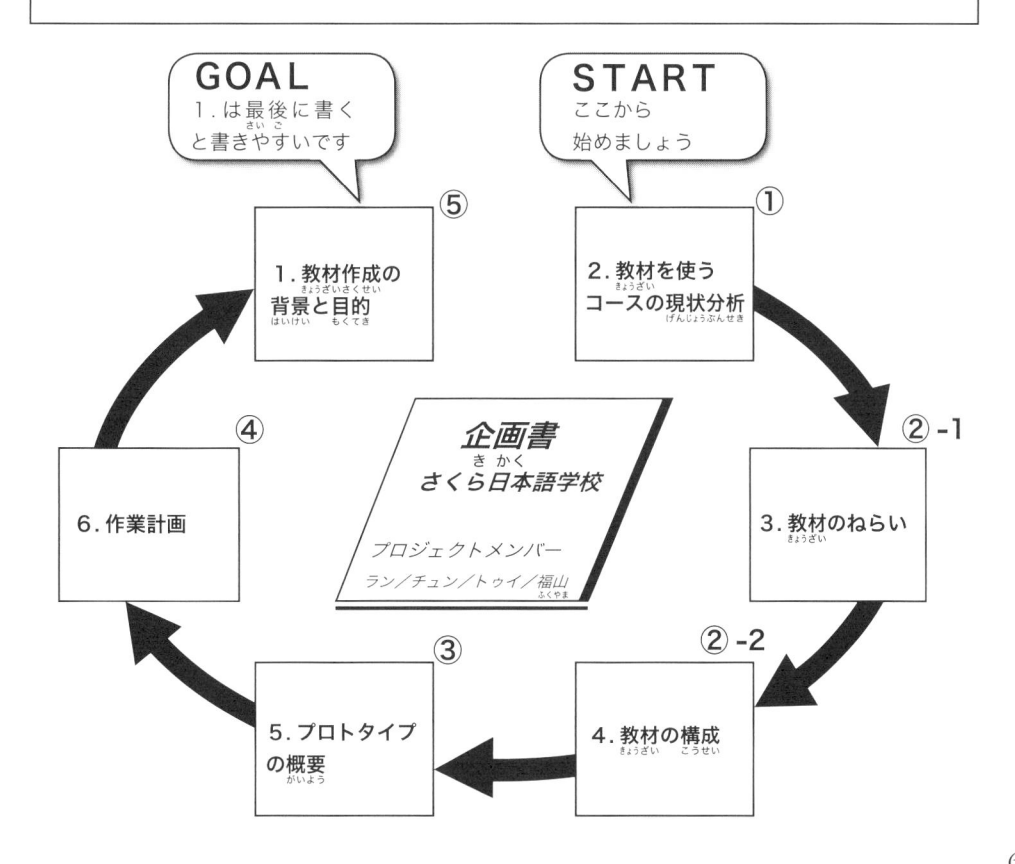

教材企画書に盛り込みたい内容

1. 教材作成の背景と目的
2. 教材を使うコースの現状分析
   - 2-1. 教授環境
     - (1) 教育機関・クラスの特徴
     - (2) 教師
     - (3) 教室環境
   - 2-2. 学習者
   - 2-3. 教育内容
     - (1) シラバス
     - (2) カリキュラム
     - (3) 代表的な授業例
     - (4) 評価
   - 2-4. 既存教材の分析
   - 2-5. 現状の課題

3. 教材のねらい
   - 3-1. 教材の対象とする範囲
   - 3-2. 教材の理念と方針
   - 3-3. 教材を提供する媒体とその使用環境
   - 3-4. 教材作成により期待される効果
4. 教材の構成
   - 4-1. 全体のシラバス
   - 4-2. 1課の構成

⑤1は、最後に、あるいは2〜5を記述した後に書くと、書きやすいでしょう。

分析

①1章で行った、教材を使うコースの現状分析の結果を記述しましょう。

設計

②2章で作成した、「教材のねらい、シラバス、1課の構成」の内容を記述しましょう。シラバスや1課の構成は、必要に応じて添付資料としましょう。

5．プロトタイプの概要

　5-1．試作部分の対象範囲

　5-2．試作部分の学習目標と学習効果の評価方法

　　（1）利用者の前提条件とそのチェックの方法

　　（2）学習目標と学習効果の評価方法

　5-3．試作部分の評価

　　（1）評価方法

　　（2）評価結果

試作

③2章で作成したプロトタイプの内容とその評価方法と結果について、記述しましょう。

6．作業計画

　6-1．プロジェクト体制

　6-2．作業スケジュール

　6-3．必要な道具およびリソースと利用目的

　　（1）道具（機器、ソフトウェアなど）

　　（2）リソース（ウェブサイト、市販教材、ビデオ、テレビ番組など）

　6-4．コスト概算見積もり

7．参考文献

管理

④「設計」以降「開発と試用」「実施と評価」の段階で必要な作業を洗い出し、作業計画や体制などについて記述しましょう。

企画書の書式は、ひつじ書房のサイトで提供しています。

企画書作成の手順にしたがって、あなたのプロジェクトについて、これまでの作業の結果をもとにして、「分析」と「設計」「試作」の部分を記述していきましょう（「管理」については、後で記述します）。

自分のプロジェクトでやってみましょう

【課題24】
あなたのプロジェクトについて、企画書の「分析」の部分を、次の記述内容の説明を参考にして記述してみましょう。

〈分析の部分の記述内容について〉

> 1．教材作成の背景と目的
>   教育政策や環境や学習者の変化など教材作成の背景と目的について簡潔にまとめます。
> 2．教材を使うコースの現状分析
>   所属機関の方針や学習者のニーズなどを考慮し、教材を使う予定のコースやカリキュラムを、分析・調査し現状の問題点を客観的に把握します。作成する教材の方針や内容を検討するうえで、この分析・調査結果は必要不可欠な材料です。
>   2-1．教授環境
>   （1）教育機関・クラスの特徴
>   教育機関の特徴・規模、トップの方針、日本語教育部門の特徴・規模、担当クラスの規模と特徴などについて書きます。
>   （2）教師
>   教師に関する情報・人数・特徴などについて書きます。
>   （3）教室環境
>   大きさ、机の配置、利用可能な機材などについて書きます。
>   2-2．学習者
>   学習者に関する情報、人数、母語、学習歴、レベル、学習目的(短期的学習目的・長期的学習目的・社会からの要請など)、学習動機などについて書きます。
>   2-3．教育内容
>   （1）シラバス

現状のコースのシラバスの内容について記述します。学習項目リストの立て方、代表的な学習項目例について記述します。表の形式で記述するとわかりやすいでしょう。

（2）カリキュラム

学習期間、学習時間、教授法、使用教材、教室外学習、自習など、カリキュラムに関連した事柄について記述します。シラバスと同じ表にカリキュラムについての情報を含めることも可能でしょう。

（3）代表的な授業例

授業の流れについて、代表的な例を記述します。

（4）評価

評価の目的、測定方法、測定方法と評価の目的の整合性、時期、フィードバックの方法などについて記述します。

2-4．既存教材の分析

現在使用中の教材がある場合は、それらの教材の構成や内容および使用方法について分析し、どのような課題があるか簡潔にまとめて記述します。

2-5．現状の課題

2-1から2-4をふまえ、現在抱える課題や問題点についてまとめます。

自分のプロジェクトでやってみましょう

【課題25】

あなたのプロジェクトについて、企画書の「設計」の部分を、次の記述内容の説明を参考にして記述してみましょう。

（設計の部分の記述内容について）

3．教材のねらい

2で記述した現状分析の結果をふまえ、作成する教材の責任範囲、目的や方針、効果や影響について検討した結果を簡潔に書きます。

3-1．教材の対象とする範囲

作成する教材が責任をもつ範囲を明確にしておきます。対象とする学習者のニーズやレベル、教材の種類、教材の目的などについて簡潔に書きます。

3-2．教材の理念と方針

　作成する教材の理念、特徴、優位性などについて書きます。

3-3．教材を提供する媒体とその使用環境

　どのような媒体で提供しますか（冊子・音声データ・インターネットなど）。また、学習者の属性・クラスサイズ・機材や教具などについて書きます。

3-4．教材作成により期待される効果

　地域、教育機関にとっての導入効果、学習者の学習形態や評価、教師の教授スタイルなどへの影響などについて書きます。

4．教材の構成

教材全体のシラバスおよび課の構成を書きます。シラバスと課の構成は、教材作成のための設計図と言えます。シラバスと課の構成は添付資料としてもよいでしょう。

4-1．全体のシラバス

　教材のシラバスと、教材を使うためのカリキュラムについて書きます。

4-2．課の構成

　1つの課の構成について書きます。学習の流れがわかるような流れ図を含めます。また、課を構成する要素や練習の目的を明記し、教材全体を作成するための指針を記述します。

自分のプロジェクトでやってみましょう

【課題26】
あなたのプロジェクトについて、企画書の「試作」の部分を、次の記述内容の説明を参考にして記述してみましょう。

〔試作の部分の記述内容について〕

5．プロトタイプの概要

5-1．試作部分の対象範囲

　教材全体の中でどの部分をプロトタイプとして試作しますか。試作部分の対象範囲について書きます。

5-2．試作部分の学習目標と学習効果の評価方法

（1）利用者の前提条件とそのチェックの方法

　試作部分を利用する前提として、どのような基礎知識／技能を必要と

するのか、またそれをどのような方法で確認するのかを書きます。
JFスタンダードや日本語能力試験やACTFL–OPIの評価基準などを参照して、他者が理解できるように書きます。
（2）学習目標と学習効果の評価方法
試作部分の学習目標と、試作部分の入口と出口で行う事前・事後テストの内容について書きます。ここでいう、テストとは、学習目標と照らし合わせて学習者の達成度をはかるための方法という意味で使っています。テストを行わない場合は、行わない理由を説明し、テストに代わる、学習者の達成度を測るための方法について書きます。
5-3．試作部分の評価
（1）評価方法
試作部分をどのように評価しますか。評価者そして、評価の方法について書きます。
（2）評価結果
試作部分の評価を行った結果について書きます。

3-2. 体制作り、スケジュール作り

　本格的な教材作成に取りかかる前にしておかなければならない作業として、「プロジェクトの体制を作ること」と「スケジュールを作ること」の2つの作業があります。企画書の「管理」の部分には、この「体制」「スケジュール」に加えて、「道具やリソース」「費用」についても記述します。

(1) プロジェクトの体制作り

　作成する教材の種類や社会的な役割により、プロジェクトの規模や関係者も異なるでしょう。自分自身が担当する科目で使用する教材や、所属機関のコース用教材を同僚と協力して作成する教材など、少人数で作成する場合も多いでしょう。しかし、プロジェクトの大小に関わらず、メンバーの責任分担を明確にし、どのように意思決定を行うのか、意思決定の手順や過程を明確にしておくことは重要であると考えます。

　プロジェクトの体制作りは、以下の点を考慮して行うとよいでしょう。

①プロジェクト内で意思決定過程が明確になっており、上位者に報告がスムーズに行われること。

②プロジェクト内外の連絡体制が明確であること。
③プロジェクト管理者の管理範囲が明確であること。
④プロジェクトメンバー各人の責任分担が明確であること。
⑤各作業の関連性が明確であること。

　プロジェクトの組織構成は、プロジェクトの規模などによりいろいろな形をとりますし、さまざまな呼称が用いられます。ここでは、構成メンバーを「プロジェクト・リーダー」「サブ・リーダー」「担当者」に分類して、それぞれに期待される役割について説明します。国家プロジェクトのような大きなプロジェクトの場合、プロジェクトの組織構成や責任範囲を明確にすることが教材作成の成否に大きく関わってきます。計画段階で慎重に検討しておきましょう。

[プロジェクト・リーダー]

　プロジェクト・リーダーは、プロジェクトの総責任者で、管理面だけでなく教材作成に関する幅広い専門的知識を必要とします。主な役割は、プロジェクト全体に関する管理であり、具体的には次のような作業を行います。
・プロジェクト計画の立案、実施およびその評価のとりまとめを行う。
・プロジェクト外の組織や関係者とのコミュニケーションを促進する。
・変更管理、進捗管理、品質管理における最終的な決定権限を持ち、責任を負う。

[サブ・リーダー]

　プロジェクトの作業グループごとにサブ・リーダーを置きます。サブ・リーダーは、作業グループの活動全体に対する管理を行います。サブ・リーダーは、グループ内の作業の進捗や問題などをプロジェクト・リーダーに報告します。

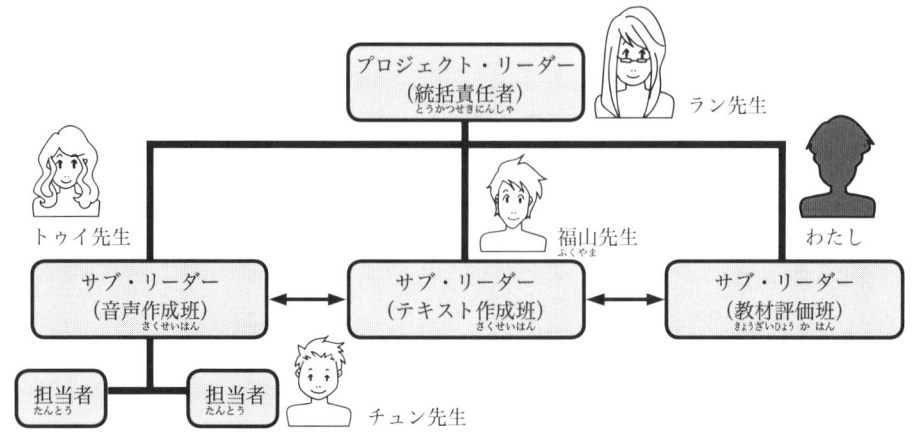

図11：プロジェクト体制図の例

プロジェクトの進行に合わせてプロジェクトに関わる人員も拡大していくことがあります。プロジェクト初期の「分析」「設計」段階では、その後の段階でサブ・リーダーとなるような主要なメンバーが中心となって作業を進め、プロトタイプを作成します。そして、企画書を完成する段階で、その後の「開発と試用」の段階で必要な作業および人員を見極めたうえで、プロジェクト体制を拡充するという方法もあるでしょう。

（2）スケジュール作成と進捗管理

　スケジュールを作成するときは、次の点について注意します。

> ①考えられる限りのプロジェクトのリスク、たとえば短期間に作業量が集中するところや、後の作業に重大な影響が出そうなところなどを慎重に検討します。
> ②あらかじめ十分な余裕を持たせます。
> ③常に現状と対比し、更新します。これにより、どの作業がどのような作業進捗であるのか常に把握できます。
> ④プロジェクト全体を見通したマスター・スケジュールと、必要に応じて各作業の詳細を明確にした詳細なスケジュールを作成します。これにより、プロジェクト全体の管理はもちろんのこと、各作業の細部についても管理が行き届きます。

[マスター・スケジュールの作成]

　マスター・スケジュールは、プロジェクト全体の作業、要員、期間を明確にしたものです。プロジェクトの大小に関わらず、マスター・スケジュールを作成し、プロジェクトメンバーで共有することが重要です。

　マスター・スケジュールの作成手順は次の通りです。

> ①プロジェクトの作業内容を洗い出します。
> ②作業量、要員（どのくらい人手がかかるか）を明確にし、作業時間を見積り、作業の実行順序を整理します。
> ③作業の実行順序を整理し、マスター・スケジュールの表の左側に記述します。
> ④作業ごとに作業日程を書き入れていきます。
> ⑤作成したスケジュールについて上位管理者の承認を得ます。

　作成したマスター・スケジュールは、常に現状と対比しながら修正し、計画と実際がわかるようにマスター・スケジュールに記入し、作業の進捗状況を正確に把握します。マスター・スケジュールに大きな変更が生じた場合は、マスター・スケジュールそのものを改訂する場合もあります。

次の表は、マスター・スケジュールの例です。このスケジュールは、あくまでもプロジェクトの大きな流れをまとめたものです。実際のプロジェクトの内容にしたがって、必要な項目を整理してスケジュールを作成してください。

○○プロジェクト　マスター・スケジュール　ver.XX　　計画 ——→　　2007年4月1日
　　　　　　　　　　　　　　　　　　　　　　　　　実際 ---→　　作成者：XXX

	18年度		2007 (H19) 年度										
	2月	3月	4月	5月	6月	7月	8月	9月	10月	11月	12月	1月	2月
分析													
教材を使うコースの分析をし、作成計画を立てる	→ ⇢	→											
作成する教材の基本方針を決める	→	⇢	→										
分析結果と教材の基本方針を企画書に記入する			→										
設計													
教材の構成・内容をデザインする				→									
プロトタイプを作成し、評価する					→		→						
企画書を完成する							●企画書完成						
開発													
試用版を開発し、試用前の評価を行う							→			→			
試用													
試用版を実際の教育現場で試用し、試用版の評価を行う										→		→	
実施													
完成版を使用する													
評価													
使用者からのフィードバックを得て、改訂作業に生かす													

🖥 マスタースケジュールの書式は、ひつじ書房のサイトで提供しています。

[**進捗管理**]

進捗管理とは、作業の計画とそれに基づく結果を比較検討することにより、作業の進捗状況と作業進行上の問題点をできるだけ早く把握し、管理することです。作業進行上の問題点を早期に発見し、スケジュール調整などの対策をとることにより、プロジェクトを円滑に進行させることができます。

プロジェクトの途中で各種の問題点が発生し、プロジェクトメンバーに連絡する事柄が生じた場合は、必ず文書で連絡します。連絡事項を文書化することにより、内容が確実に伝達され、連絡事項に関する誤解を防ぐことができます。また、発生

した問題の記録として残しておくこともできます。

最近では、プロジェクト内の情報伝達や情報共有のために、インターネット上の無料で提供されているグループ機能や、メーリングリストなどを使うことも多くなっています。これらのツールによって、離れた場所のメンバー同士が、協同で教材作成を行うといったこともできるようになりました。

自分のプロジェクトでやってみましょう

【課題27】
あなたのプロジェクトについて、「プロジェクトの体制図」と「マスタースケジュール」を作成してみましょう。

【課題28】
あなたのプロジェクトについて、企画書の「管理」の部分を、次の記述内容の説明を参考にして記述してみましょう。

（管理の部分の記述内容について）

6．作業計画

 6-1．プロジェクト体制

  教材を作成するうえで、必要な体制について書きます。

 6-2．作業スケジュール

  教材作成のための、マスタースケジュールを記述してください。制作途中の形成的評価も盛り込んで計画を立てます。

 6-3．必要な道具およびリソースと利用方法

  教材を作成するにあたって、例を参考にしてあなたが利用したいと思っている道具（機器、ソフトウェアなど）とリソース（ウェブサイト、既存教材、ビデオ、テレビ番組など）を書きます。

  （1）道具（機器、ソフトウェアなど）

道具類	利用目的
（例）デジタルカメラ	教材用の写真撮影

(2) リソース（ウェブサイト、市販教材、ビデオ、テレビ番組など）

リソース	利用目的
（例）みんなの教材サイト	文法説明を参照し、練習を利用する

6-4．コスト概算見積もり

プロジェクトにかかるコストを概算します。

7．参考文献

教材を作成するにあたり、参考にしている文献や資料などについて書きます。

＊そのほかに企画書に盛り込みたい内容があったら、適宜追加します。

自分のプロジェクトでやってみましょう

【課題29】

あなたのプロジェクトの企画書を完成させましょう。プロジェクトメンバーで内容を確認して、不十分な点はないかチェックしましょう。メンバー内の確認が終わったら、プロジェクトメンバー以外の人に読んでもらって、わかりにくい部分はないか見てもらうと、もっといいでしょう。

企画書を作成する作業はいかがでしたか。めんどうな作業だと感じましたか。
ここで、もう一度「なぜ企画書を作るのか」ふり返っておきましょう。

企画書は、これまでの作業の結果をまとめるだけではなく、この後の教材作成作業に大きな力を発揮します。企画書として文書化しておくことにより、状況が変わってプロジェクトを見直す必要が出てきたとき、慌てずに全体の整合性を考慮して対応を検討することができます。プロジェクトメンバーの入れ替えや増員があったときも、企画書を使ってプロジェクトの概要を説明することができるのです。

また、教材作成のための予算確保や体制面の説得など、対外的に説明が必要な場合や、企画案の承認を得る場合にも、企画書は効力を発揮します。このように、企画書の役割は、プロジェクトメンバー同士の情報共有にも重要ですし、対外的に教材作成プロジェクトを説明する場合においても重要な役割を果たすのです。

最後に

　1980年代に日本国内や海外において急成長した日本語教育は、現在成熟期を迎え、多様な教材が出版されるようになりました。しかし、自分のコースや学習者にぴったり合った教材というのはなく、「自分たちのコースにあった教材を作りたい」と考える教師は少なくありません。コンピュータやインターネットが普及したことによって、その夢も不可能ではなくなってきました。

　この巻では、教材を作りたいという情熱があり、作成する教材のイメージを持つ人に、参考となる教材作成の理論や手順を提供してきました。最後に、教材を取り巻く状況について整理してみたいと思います。

教材を取り巻く状況：言語学習観および社会変化からの影響

　次の図は、時代の変化と国際交流基金が作成した教材の関係を整理したものです。

1970年代	1980年代	1990年代	2000年代	次世代の教材？
文法を中心とした学習観	コミュニケーションを重視した学習観 →			
	テレビ・ビデオの普及	コンピュータの普及	インターネットの普及	
（教科書＋指導書＋テープ）のセット『日本語初歩』	コースデザインの考え方 →教材の組み合わせ →学習者別の教材 →多様な副教材の開発 『写真パネルバンク』 『ヤンさんと日本の人々』	教材用素材の提供開始 『教科書を作ろう』 『みんなの教材サイト』 各国でのシラバス整備 海外での教材作成増える	教材用素材の提供激増 →だれもが"作成者"の時代 学習理論を反映した教材 『初級からスピーチ』 『エリンが挑戦！にほんごできます。』 『日本語教授法シリーズ全14巻』	

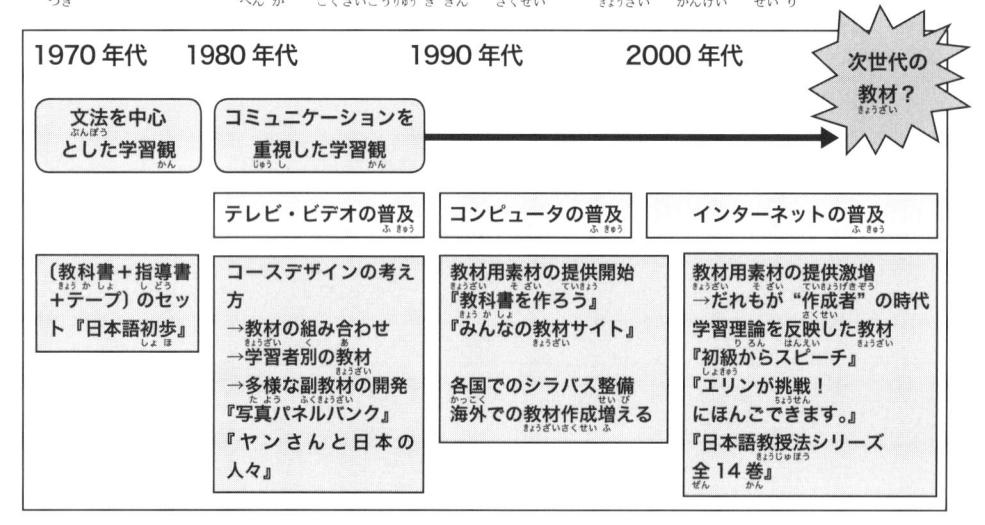

図12：時代の変化から見たJF作成教材

　1970年代ごろまでは文法を中心とした言語学習観に基づいた教材が多く見られました。（『日本語初歩』1981年）このころは、日本語教材というと「教科書・文法練習帳・音声テープ」の単一のセットを指すことが多かったようです。当時は、日本文学の研究や日本語資料の翻訳のために読解力を養成することが日本語学習の主なニーズだったため、教材も単一のセットで十分対応することができました。

　1980年代に入るとコミュニケーションを重視した言語学習観が広まりました。世界中で日本語学習者が増大し、学習目的、出身地域・母語・文化、年齢、職業、日本語学習経験・学習環境・学習期間などの点で、学習者の多様性が認識されるよ

うになりました。それを受けて、学習者ニーズに合わせてさまざまな教材を組み合わせてコースをデザインするという考え方が出てきました。デザインされたコースで主に使う教材を「主教材」、「主教材」を補うために使われる教材を「副教材」、教室活動を助けるために使われる道具を「教具」と呼ぶようになり、多様な教材や教具が作成されるようになったのです。中等教育のように、コースの中で１つの教材しか使用できない場合は、「主教材」を「教科書」と呼ぶことが多いようです。1980年代は、多様な学習者ニーズを受けて、ビジネスパーソンや年少者など学習者別の教材が作られるようになる一方で、教育現場にテレビやビデオ機器が普及し、『ヤンさんと日本の人々』（1983年）などのビデオ教材も作られるようになりました。

　1990年代に入ると、学習者別の教材はさらに増え、海外でも教材が作成されるようになりました。教育現場にもコンピュータやインターネットが普及し、教材を作成したいという人が増えました。それを受けて、国際交流基金では『教科書を作ろう』（1999年、2002年改訂）、『みんなの教材サイト』（2002年）など、教材作成のための素材を提供するようになりました。

　2000年以降、インターネットによる教材用素材の提供が増大しました。「だれもが教材作成者になれる」時代になったと言えるでしょう。一方、実証的な研究も増え、研究成果を反映した教材が現れるようになりました。教材は言語学習観および社会変化の影響を受けて、今後も進化するでしょう。あなたが作る教材は、どのようなものになるでしょうか。教材は、完成したら終わりではありません。だれにも、万能の教材を作ることはできないのです。大切なのは、完成した教材を使用しながら、改善のための情報を集め、改訂に取りかかることです。

＜本書で伝えた５つのメッセージ＞

◆教材作成であなたの現場の課題を解決をしよう。
　（現状分析から始める）
◆今使用している教材の問題を補う教材を作成しよう。
　（使用教材を客観的に分析する）
◆言語学習について見直し、社会の期待に応える教材にしよう。
　（先行文献や先行研究を活用する）
◆学習効果がある教材かどうか検証しよう。
　（教材とテストをセットで提供する）
◆段階を踏んで教材作成を進めよう。
　（See-Plan-Do-See…）

よくある質問（FAQ）―海外で教材を印刷・出版する―

　皆さんの中には、将来的には教材を出版したいと考えている人もいるでしょう。海外で出版する場合には、日本国内とは異なる問題が起きることがあります。国際交流基金派遣専門家として、実際に海外で教材を作成した、大舩ちさとさん（ベトナム派遣）と、藤長かおるさん（インドネシア派遣）からお聞きした情報をのせましたので、参考にしてください。
　なお、アプリケーションソフトなどは随時、アップデートされますので、実際に作成するときに、最新情報を確認するようにしてください。

■アプリケーションソフト

Q. Microsoft Word で作成した原稿を印刷所に持っていったら、レイアウトがずれてしまいました。

A. Word で編集し、それを PDF データに変換（アウトライン出力）してから、印刷所に回すという方法がいいでしょう。出版社で日本語の編集ができない場合、あるいは出版社に編集作業を依頼することに不安を感じる場合は、この方法を勧めます。ただし、執筆者がレイアウト作業をすべてしなければなりません。

Q. 出版社にレイアウト作業をしてもらうときの注意点はありますか。

A. 出版社では、編集作業用に、インデザイン（Adobe InDesign）、イラストレーター（Adobe Illustrator）、フォトショップ（Adobe Photoshop）、クォークエキスプレス（QuarkXPress）などを使います。これらを使うと、マスターページといって課ごとや印刷物全体共通の枠や飾りの設定をしたり、画像を編集して文字を埋め込んだりすることが可能になります。英語版のソフトでは、日本語フォント使用の場合、不具合が生じたり、縦書きの文書を作成することが難しかったりするので、出版社に日本語版を使用してくれるよう依頼するのがいいでしょう。

■フォント

Q. 教科書体を使いたいのですが、何か注意することはありますか。

A. メーカーによって、明朝体に近づけてデザインしたタイプのものと、手書きの文字に近づけてデザインしたタイプのものがあります。教科書体のフォントを購入する際には、比較したうえで決めたほうがいいでしょう。また近年は、ユ

ニバーサルデザイン（UD）のフォントの開発も進んでいます。教科書体だけでなく他のフォントも、購入の際にはユニバーサルデザインのものを候補にするといいでしょう。

Q. 漢字練習で、たとえば「大」の場合、「一」「ナ」「大」というように筆順を提示したいのですが、方法はありますか。

A. 筆順フォントを購入すると可能です。漢字だけでなくひらがなやカタカナも入っている筆順フォントもあります。筆順フォントには「1画ずつ増えていくデータ」（「一」「ナ」「大」）、と「画数をすべてバラバラに分解したデータ」（「一」「ノ」「、」）があります。値段は2万円ぐらいからです。ただし、メーカーによって常用漢字に対応しているもの、教育漢字（日本の小学校で教育する漢字）のみに対応しているものがあるので、購入の際にはよく検討してください。教育漢字のみに対応しているフォントの場合、低学年用、高学年用のように分けて販売されていることもあります。

　筆順フォントの入力のしかたは、普通の日本語の文字入力とは異なります。また、メーカーによっても異なります。また筆順フォントを使う場合は、筆順以外の普通の文字のフォントも同じメーカーで揃えたほうがいいでしょう。メーカーによって、文字のデザインが異なるので、あまりにも大きく違うと、学習者の混乱を招くことがあるからです。

■教材のサイズ

Q. A4サイズで作成し試用したら「大きすぎるのでB5サイズにしてほしい」という意見が多かったです。どうしたらいいですか。

A. A4サイズで作った原稿をB5サイズに縮小印刷すると、字が小さくなり見づらくなりますので、レイアウトを変更したほうがいいでしょう。義務教育段階の教材の場合、その国の規定、規格などが定められている場合があります。本のサイズ、余白、ページ数を入れる場所、文字数、行数、行間、フォントサイズなど、作成する前に情報を入手しておきましょう。

　教材のサイズやレイアウトというのは、設計段階で考慮しておきましょう。後になってからのサイズやレイアウト変更は大変です。

■教材のページ数

Q. 印刷用のフィルムをむだにしないため、作成する教材はそのフィルムに出力されるページ数の倍数にしてくれ、と印刷所から言われました。どういうことですか。

A. 輪転機にかけるための印刷用フィルムは、4ページずつ出力するフィルム、8ページ、16ページ、32ページがあります。印刷所が8ページ出力のフィルムを使用していれば、8ページの倍数ページとなるよう、教材のページ数を最終的に調整するといいでしょう。

■イラスト
Q. どういう人にイラストを描いてもらうといいですか。
A. イラストの言語教育における意味を理解している人がいいので、教科書にイラストを描いた経験のある人が望ましいでしょう。複数の候補者に描いてもらったうえで、1名を選べるといいでしょう。作成者が思うようなイラストができあがってこないというのはよくありますので、作成者が意図をきちんと示すことがとても重要です。また、イラストが増えると、コストも期間も増えるので、イラストの点数をしぼることも必要です。

■音声素材の作成
Q. 海外で音声素材を作成するにはどういう方法がありますか。
A. スタジオを借りて、日本人の協力者を集めて録音することが多いでしょう。音楽録音専門のスタジオは、外国語教材の録音には不適当だったりする場合がありますので、注意してください。また、録音を担当しないで発音のチェックを専門に担当する人は複数必要です。

■著作権
Q. 日本国内で作られた複数の文法書から、説明部分や例文を引用したいのですが、どうすればいいですか。
A. 著者と出版社に利用許諾を申請する必要があります。サイトで提供している「著作物使用許諾申請書」（見本）と記入例を参考にしてください。
　　著作物使用許諾申請書(見本)と記入例は、ひつじ書房のサイトで提供しています。
文型によって複数の文法書から引用すると、利用許諾も複雑になるので注意してください。引用にあたって使用料を払わなければならない場合もあります。著者と出版社にとっては、著作物を部分的に引用されるよりも全部を翻訳してくれたほうが、許可を出しやすいようです。部分的に引用する場合は著作権の利用許諾に時間がかかることを考慮しておいたほうがいいでしょう。著作権については以下のサイトが参考になります。

公益社団法人 著作権情報センター（CRIC）：https://www.cric.or.jp/（2021年4月5日）

また、紙媒体だけでなく、電子出版の可能性がある場合は、最初の使用許諾申請の際に電子出版まで含めて申請することをお勧めします。

Q. 「みんなの教材サイト」（https://minnanokyozai.jp/ 2021年4月5日）にある写真やイラスト、例文や練習問題を引用しました。どうすればいいですか。

A. 「みんなの教材サイト」のように無償で写真などの素材を提供している場合でも、黙って引用するのではなく利用許諾を申請しましょう。申請方法や許諾の条件は提供元によってさまざまですので、ウェブサイトを確認するか、直接問い合わせをするといいでしょう。

Q. 作成者の著作権はどうすればいいですか。

A. ある機関のコース教材を作る場合は、一切の著作権は機関に帰属するという「覚書」を機関と作成者が取り交わしておくといいでしょう。そうすると、作成者がその機関をやめて別の人が改訂をする場合などに問題が生じません。

Q. 日本で流行している歌の歌詞を教材にのせる場合はどうすればいいですか。

A. 教材に歌を使う場合、使用料を支払わなければなりませんが、教材に歌詞や楽譜をのせるだけなのか（出版権）、教材付属の音声素材として録音した歌も入れるのか（録音権）によって、必要な手続きが違います。また、一度申請したら永久に使えるわけではなく、増刷するたびに使用料を支払わなければなりません。この2点に注意してください。それでは、ここでは、主に出版権について説明します。

　まず、歌詞だけをのせる場合と、楽譜だけをのせる場合、両方のせる場合によって使用料が異なりますので、申請するときには何をのせるのか、はっきり申告しなければなりません。また、(1) 日本国内で印刷・出版し日本国内で使用する本の場合、(2) 日本国内で印刷・出版し海外へ輸出する本の場合、(3) 海外で印刷・出版し海外で使用する本の場合によっても、手続きが異なります。

　(1)、(2)の場合は、日本音楽著作権協会（JASRAC）が一括して管理していますので、連絡して必要な手続きを行ってください。

一般社団法人 日本音楽著作権協会(JASRAC)：https://www.jasrac.or.jp/（2021年4月5日）

(3)の場合は、申請先はJASRACではないので、注意が必要です。録音権については、印刷・出版する国の音楽著作権協会とJASRACの間に相互管理契約があれば、印刷・出版する国の音楽著作権協会で必要な手続きをとることができます。ですから、まず、印刷・出版する国の音楽著作権協会へ連絡してみてください。ただ、出版権については基本的に相互管理契約がありませんので、その音楽を管理している音楽出版社に直接、申請しなければなりません。どの音楽出版社が管理しているかは、JASRACに問い合わせれば、教えてもらえます。

■校正
Q. 校正では内容の変更はできないと言われましたが、なぜですか。
A. 校正とは、原稿をもとに印刷所やデザイナーの手によって、印刷用にレイアウトやフォントを整えて組んだものを確認する作業です。そこではすでに印刷所やデザイナーに対して費用が払われています。ですから校正段階に入ってから内容を書き換えると、また印刷所やデザイナーに支払いが必要になります。校正段階では、イラストがまちがっていないか、レイアウトにずれがないかなどを見るようにしましょう。それだけでもかなり時間がかかるはずです。

■市販
Q. 作成した教材を市販したいのですが、どうすればいいですか。
A. 市販するには出版を引き受けてくれる出版社を探す必要があります。出版社との契約時には、著作権は保有しておくか、売上の何パーセントを出版社に支払うか、宣伝活動は出版社に頼むかなど取り決めます。

■相手国教育省との合同事業
Q. 相手国教育省との合同事業ですが、注意することはありますか。
A. 作成者への謝金(会議謝金、交通費、宿泊費)、試用版と完成版の印刷費、増刷の場合の印刷費、地方への輸送手段と輸送費などの費用分担、著作権の帰属、教科書検定会議の経費、教師研修会の経費、など費用分担が問題になることが多いです。相手国教育省も政府予算で事業を行っているので、その国の会計年度にあわせて予算を使っていかなければならないことも念頭におく必要があります。長期プロジェクトであれば、双方担当者が変わることもありますので、文書化し、取り交わしておきましょう。

海外での出版体験談（大舩ちさとさん：2004.4〜2007.8 国際交流基金派遣専門家）

　わたしは今までに中国とベトナムで義務教育段階の教科書制作に携わってきましたが、それぞれの国でやはりいろいろな苦労がありました。

　どの国にもそれぞれ教育理念があり、教育目標があり、そして、教育観や教科書観のようなものがあります。ですから、その国の教育観や教科書観に寄り添いながら、必要に応じて自分の主張や提案を提示し、お互いの意見をすり合わせて制作していかなければなりません。理想の教科書とはどんなものなのか。これは国によって、そして人によって異なります。その理想を形にするため、執筆者間で十分に時間をかけて討議していくことが非常に大切だと思いました。

　また、海外での教科書制作ならではの悩みだったといえるのが、フォントの問題やレイアウトデザインの問題でした。

　日本で教科書を制作する場合、日本語教師や日本語教育の専門家という立場の我々は内容を吟味することが主たる業務で、教材のデザインに関してはプロのデザイナーが担当するのが一般的かと思います（もちろん、デザインに対し、意見は出すと思いますが）。しかし、海外での制作の場合、レイアウトデザインまで執筆者がかなりの部分を担わなければならないケースもあります。ベトナムでの教科書制作がそうでした。

　ベトナムの教科書制作では、教科書体フォントを使うことにこだわりました。初めて文字を学ぶ生徒には、明朝体ではなく教科書体フォントで、正しい、きれいな文字を学んでほしいと思ったからです。ですが、ここで大きな壁にぶつかりました。わたしたち執筆者は日本語版 Windows、日本語版 Word を使って原稿を作成していました。しかし、出版社は英語版 Windows を使っていて、編集作業には英語版 Quark Xpress を使っています。原稿を出版社に持ち込んだときに、必要なフォントを出版社のコンピュータにすべてインストールしましたが、文字化けしたり、明朝体で表示されたりしていて、日本語版 Windows で作成したものとは違うものが表示されてしまうという事態が発生しました。当初は出版社のデザイナーがレイアウトデザインを担当する予定だったのですが、原稿が正しく表示されないため、出版社に依頼することができませんでした。

執筆者としては学習意欲を高められるような教科書デザインの追求をしたかったのですが、出版期限が迫っていたこともあり、自分たちで私物のコンピュータを使って教科書のレイアウト作業まで行うしかありません。そのときに使った方法が、Wordで編集して、PDFデータに変換する方法でした。毎日出版社にわたしの私物のコンピュータを持参し、共同で編集にあたりました。しかし、ここにも落とし穴がありました。Wordデータでは文字列もきれいに揃って、下線やアクセント記号も正しい位置についているのに、PDFに変換するとそれがずれてしまうのです。何度やり直しても数カ所がずれてしまい、何度も何度も校正を行いました。Wordで作成してPDFデータで原稿を印刷所に回す方法はコストが低くおさえられるため、比較的実現しやすい方法だと思いますが、校正にはかなり時間を要するので、注意が必要です。

　このような編集作業を進めながら、フォントの問題についてもいろいろと調べました。そして、日本語のさまざまなフォントを使うためには、やはり日本語版Windowsを使い、日本語版の組版ソフトを用いてレイアウトを作る方法がベストだという結論に当時は落ち着きました。しかし、日本語の教科書は英語の教科書などと比べて市場が少ないため、設備投資がむずかしいことも多く、視覚面での質の追求のむずかしさを感じました。これは海外ならではの苦労だと思います。

　それから、これは特に海外で作成するときの苦労ではないのですけれども、「編集者の視点で作る」ということのむずかしさも感じています。中国で教科書を作っているときにある人に言われたことばなのですけれど、「語学の先生たちは内容については吟味して、コメントしてくれるけれども、レイアウトのことまでは考えていない。確かに内容はいちばん大切なことなのだけれど、教科書は無限大にページがあるわけではないし、各課にある程度統一したデザインもあれば、ある程度問題数も決まっている。数々の制限の中で、内容的にも最良のものを目指していかなければいけない。」と。そのときまで、自分にはそういう視点が備わっていなかったので、それ以降、編集者としての視点を持ちながら執筆するように心がけています。でも、これが結構むずかしくて、苦しんでいます。追求しなさすぎるのも問題ですが、追求しすぎると今度は前に進めなくなります。教科書制作以外のことにも共通して言えると思いますが、追求と潔く切り上げることのバランス感覚。これが大切なのだと思います。

『教材開発』の重要語彙

あ行

あくとふる　おーぴーあい	ACTFL - OPI	1-3. 言語学習を見直す
あいでぃぷろせす	ＩＤプロセス	1-2. 教材作成の手順
あうとぷっと	アウトプット	1-3. 言語学習を見直す
いちたいいちひょうか	１対１評価	2-4. プロトタイプを評価する
いんすとらくしょなる・でざいん	インストラクショナル・デザイン	1-2. 教材作成の手順
いんたびゅー	インタビュー	2-4. プロトタイプを評価する
いんぷっと	インプット	1-3. 言語学習を見直す
うんようりょく	運用力	1-3. 言語学習を見直す

か行

かだいすいこうがたのげんごがくしゅうかん	課題遂行型の言語学習観	1-3. 言語学習を見直す
がくしゅうのながれ	学習の流れ	1-4. 教材分析の方法
がくしゅうこうかのひょうか	学習効果の評価	2-4. プロトタイプを評価する
がくしゅうしゃのじりつせい	学習者の自律性	1-3. 言語学習を見直す
がくしゅうしゃけんしょうのげんそく	学習者検証の原則	1-2. 教材作成の手順
がくしゅうりろん	学習理論	1-4. 教材分析の方法
がにぇのきゅうきょうじじしょう	ガニェの９教授事象	1-3. 言語学習を見直す
かんさつぷらん	観察プラン	2-4. プロトタイプを評価する
きょうざいきかくしょ	教材企画書	1-2. 教材作成の手順
きょうざいこうぞうず	教材構造図	1-4. 教材分析の方法
けいせいてきひょうか	形成的評価	1-2. 教材作成の手順
げんごそうさのくんれん	言語操作の訓練	1-4. 教材分析の方法
げんごちしき	言語知識	1-3. 言語学習を見直す
こーすのぶんせき	コースの分析	1-1. 教材を作る前にしておくこと
こみにゅけーしょんのうりょく	コミュニケーション能力	1-3. 言語学習を見直す

さ行

しさく	試作	1-2. 教材作成の手順
しつもんしちょうさ	質問紙調査	2-4. プロトタイプを評価する
しようばん	試用版	1-2. 教材作成の手順
しらばす	シラバス	1-3. 言語学習を見直す
しどうほうりゃく	指導方略	1-3. 言語学習を見直す
じこひょうか	自己評価	1-3. 言語学習を見直す
じぜん・じごてすと	事前・事後テスト	2-4. プロトタイプを評価する
じっこうかのうせい	実行可能性	2-3. プロトタイプを作成する
しょうしゅうだんひょうか	小集団評価	2-4. プロトタイプを評価する
しんちょくかんり	進捗管理	3-2. 体制作り、スケジュール作り
すたんだーど	スタンダード	1-3. 言語学習を見直す
ぜんていてすと	前提テスト	2-4. プロトタイプを評価する

た行

ちしきかくとくがたのげんごがくしゅうかん	知識獲得型の言語学習観	1-3. 言語学習を見直す
ちゃんく	チャンク	1-3. 言語学習を見直す
どうにゅうーてんかいーまとめ	導入－展開－まとめ	1-3. 言語学習を見直す

は行

ひょうかけいかく	評価計画	1-2. 教材作成の手順
ぷろじぇくとたいせい	プロジェクト体制	3-2. 体制作り、スケジュール作り
ぷろとたいぷ	プロトタイプ	1-2. 教材作成の手順
ぽーとふぉりおひょうか	ポートフォリオ評価	1-3. 言語学習を見直す

ま行

ますたー・すけじゅーる	マスター・スケジュール	3-2. 体制作り、スケジュール作り
もにたー	モニター	1-3. 言語学習を見直す

ら行

りかいできるいんぷっと	理解できるインプット	1-3. 言語学習を見直す
れんしゅうのかてい	練習の過程	1-4. 教材分析の方法
れんしゅうのかつどうけいたい	練習の活動形態	1-4. 教材分析の方法
れんしゅうのせいしつ	練習の性質	1-4. 教材分析の方法

わ行

わかるか・できるかひょうか	わかるか・できるか評価	2-4. プロトタイプを評価する

《解答・解説編》

1 教材を作る前に

1-1. 教材を作る前にしておくこと

■【課題1】(略)
■【課題2】＜解答例＞コースの状況をくわしく知るには次のような資料や調査が必要になってくるでしょう。

■さくら日本語学校が提供しているコースの概要
・生徒募集のちらし
・学校案内などコース概要の資料

■さくら日本語学校の教師／学習者に関する情報
・機関の責任者や教師に対するアンケートやインタビュー調査
・学習者に対するアンケートやインタビュー調査
・学習者のニーズ調査：学習の目的、学習方法や学習スタイル、コースでどのような日本語を勉強したいか、どんな場面で日本語が不十分だと感じるかなど
・これまでのコースに対する評価：満足度など

■さくら日本語学校の設備
・設備状況の調査
・機関の責任者や教師に対する聞き取り調査

■さくら日本語学校の教育内容
・コースのシラバスやカリキュラム内容を記述したもの
・使用している教材についての調査
・教案
・授業で使用した配布資料
・授業日誌
・小テストと期末試験の問題
・小テストと期末試験の成績
・出席簿

■【課題3】(略)
■【課題4】(略)

1-2. 教材作成の流れ

■【課題5】(略)
■【課題6】(略)
■【課題7】(略)

1-3. 言語学習を見直す

■【課題8】(略)
■【課題9】(略)
■【課題10】(略)『J.Bridge』の「本テキストの構成と使い方」を参照。

1-4. 教材分析の方法

■【課題11】『新日本語の中級』について

構造図はp.92を参照。構造図に基づく分析の例は次の通り。

①の観点での分析

　学習目標は課題遂行の形式で明示されているものの、それぞれの練習の目的は明示されていないので、学習目標と練習の対応関係を把握するのに時間がかかる。

②の観点での分析

　各練習の関係性が学習者にとって、わかりにくい。

③の観点での分析

　図1の「第2言語の習得過程」に照らしてみると、アウトプットの機会は提供されているが、インプットを「理解できるインプットにする」活動は提供されていない。「ガニェの9教授事象」に照らしてみると、教材の配列と指導/学習過程が一致していない。また、事象の3, 7, 8, 9は教材にはなく、担当する教師に任されている。

　授業案はp.93の教案を参照。学習目標と練習の対応関係を把握するのがむずかしいので、どのような順番で授業をするかを考えるのに時間がかかる。特に、「会話」や「聴解」活動をいつするのかについては、いろいろな意見が出るだろう。図1の「第2言語の習得過程」の考え方に立てば、「会話」や「聴解」活動をインプットとして使うこともできる。ただし、その場合には、理解できるインプットにするための活動や、モニターなどを教師が補う必要が出てくる。

■【課題12】『J.Bridge』について

構造図は、p.94を参照。構造図に基づく分析の例は次の通り。

①の観点での分析

　学習目標は課題遂行の形式で明示されていないが、それぞれの練習の目的は明示され

ているので、学習目標と練習の対応関係が把握しやすい。

②の観点での分析

各練習の関係性が学習者にとって、わかりやすい。

③の観点での分析

課の前半ではインプットを「理解できるインプットにする」活動が提供され、それに続く形でアウトプットの機会が提供されており、図1の「第2言語の習得過程」に沿っている。つまり、この教材の背後には、第2言語習得研究に基づく学習理論があることがわかる。

「ガニェの9教授事象」に照らしてみると、教材の配列と指導/学習過程がほぼ一致している。しかし、事象の3, 7, 8は教材にはなく、担当する教師に任されている。ロールプレイや作文は、基本的には「事象6：練習の機会を提供する」ためだと考えられる。「事象8：学習の成果を評価する」ために利用するには、評価尺度が教材の中で提示されている必要がある。以前に学習した項目が太字で示されていること、各課が3つのステップになっていて、少しずつ異なる状況設定で、学習項目や内容がくり返し扱われていることから「事象9：保持と転移を高める」部分があると判断した。

■授業案は p.95 の教案を参照。学習目標と練習の対応関係が把握しやすく、各練習の関係性が学習者にとってわかりやすいので、教材の提出順に沿って授業案を考えることができる。ただし、「語彙」については、どのように教えるかが示されていないので、教師が工夫する必要がある。また、「文法」部分で、運用力からアウトプットを引き出す活動が提供されていないので、教師が補う必要がある。

■【課題13】練習部分の分析チェック表は、pp.96 - 97 を参照。分析は次の通り。

■『新日本語の中級』の分析

①練習の性質：インプットは文字、アウトプットは音声という練習が多い。情報源は教材が多い。

②活動形態：指示された通りに答える練習が多い。学習者同士の活動は、担当する教師に任されている。

③練習の過程：言語操作の訓練が多い。

■『J.Bridge』の分析

①練習の性質：インプットは文字だけでなく音声もあり、アウトプットも音声だけでなく、番号や文字などがある。情報源は教材が多いが、本人や他者からの場合もある。

②活動形態：学習者の個人作業が多いが、学習者同士の活動も一部ある。

③練習の過程：インプットを「理解できるインプットにする」ための活動は多いが、運用力からアウトプットを引き出す活動は少ない。

■【課題14】（略）

2 教材を設計する

2-1. 作る教材のねらいを決める
▪【課題 15】ステップ1～5は、pp.98 - 100を参照。
▪【課題 16】（略）

2-2. 教材のシラバスと課の構成を作成する
▪【課題 17】（略）
▪【課題 18】①～④のどの教材も、ほぼ図1の「第2言語の習得過程」に沿っている。
②の会話教材は、アウトプットの比重の高い教材であり、「今の力でアウトプット－インプット－アウトプット」という構成になっている。
▪【課題 19】「さくら日本語学校」の課の構成とシラバスの例はpp.101-102を参照。
▪【課題 20】（略）
▪【課題 21】（略）

2-3. プロトタイプを作成する
▪【課題 22】（略）

2-4. プロトタイプを評価する
▪【課題 23】（略）

3 企画書を作成する

3-1. 企画書の作り方
▪【課題 24】（略）
▪【課題 25】（略）
▪【課題 26】（略）

3-2. 体制作り、スケジュール作り
▪【課題 27】（略）
▪【課題 28】（略）
▪【課題 29】（略）

新日本語の中級 第11課 人とつきあう

導入

目標1. 礼儀正しい会話ができる、目標2. 同僚・友人とのよいつきあい方を考える

学習する前に 1,2,3

目標3. 挨拶状や贈り物の習慣について考える

学習する前に 4,5

展開

チャンク1

学習項目
1. そろそろVしようか	2. Vてばかりいる	3. Vさせてください	4. いい・わるいの使い方
1. そろそろ〜ようか	2. 〜てばかりいます	3. 〜てばかりいないで	
5. そろそろVないと		4. 〜させてください。	6.「いい」の意味 7.「悪い」の意味
			問1「いい」

練習
読むうの練習

会話
会話1. おごられる
会話2. おごる
会話3. 割り勘にする

聴解問題

活動
活動1. ロールプレイ
活動2. 割り勘のロールプレイ
活動3. 割り勘グループ討議

チャンク2

学習項目
5. Vるようになる	6.（数・量）も	7. Vる場合
1. るようになった	2.（数・量）も	3. る場合
		問2 贈り物の日

本文
読むうの練習
本文（贈り物と手紙）
4. 本文の内容○×

聴解問題
聞こう問3

活動
活動1. インタビュー
活動2. ディスカッション

まとめ

学習項目の必須
使用が必要ではない。

『新日本語の中級』：授業案

使用教材名：『新日本語の中級』第11課 人とつきあう	所要時間：50分×7コマ

学習目標：

（1）日本人とのつきあいの中で礼儀正しい会話ができる。

（2）同僚や友人との気持ちの良いつきあい方を考える。

（3）あいさつ状や贈り物の習慣について知る。

時間	活動
1コマ目	＜話す活動＞ ①「学習する前に」の1〜3をクラス全体で話しあう。 ②「学習項目」の中の1）〜3）を説明する。 ③「会話の練習」1〜5を学習者同士でさせる。
2コマ目	①「学習項目」の中の4）を説明する。 ②「会話の練習」6〜7を学習者同士でさせる。 ③「聞こう」1をする。
3コマ目	①「会話1〜3」を聞かせる。そして、わからないことばや表現の説明をする。 ②「会話1〜3」くり返させたあと、学習者同士で練習させる。 ③学習者同士で「活動1：ロールプレイ」をさせ、発表させる。
4コマ目	①学習者同士で「活動2：会話を作る」をさせ、発表させる。 ②クラス全体で「活動3：話し合い」をする。
5コマ目	＜読む活動＞ ①「学習する前に」の4〜5をクラス全体で話し合う。 ②「学習項目」の中の5）〜7）を説明する。 ③「読もうの練習」1〜3を学習者同士でさせる。
6コマ目	①「読もう：贈り物と手紙」を個人で読み、わからないことばや表現の説明をする。 ②「読もうの練習」4を個人でさせて、全体で答えあわせをする。
7コマ目	①「聞こう」2〜3をする。 ②「活動1：贈り物について聞く」をグループでさせる。 ③「活動2：うれしかった贈り物」について全体で話す。

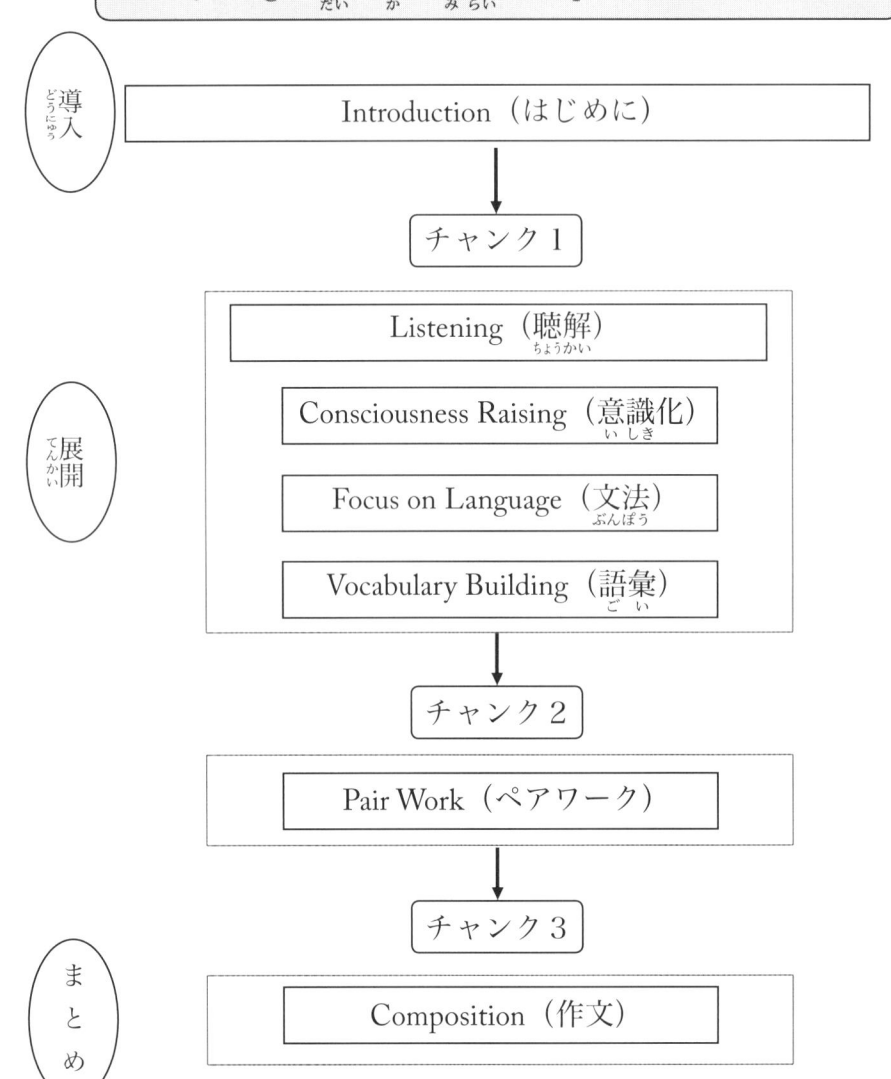

『J.Bridge』第4課　未来　Step2　30年後の世界

導入
- Introduction（はじめに）

↓

チャンク1

展開
- Listening（聴解）
- Consciousness Raising（意識化）
- Focus on Language（文法）
- Vocabulary Building（語彙）

↓

チャンク2
- Pair Work（ペアワーク）

↓

チャンク3

まとめ
- Composition（作文）

『J.Bridge』：授業案

使用教材名：『J.Bridge』：授業案 第4課 Step2：30年後の世界	所要時間：50分×3コマ

学習目標：30年後の未来を予想して、話す。	
時間	活動
1コマ目	＜ウォーミングアップ＞ ①前の課で習った文法と語彙について、テストをする。（10分間） ②「はじめに」で、自分の知っていることや経験を学習者同士で話させる。この課を勉強する前に、背景知識を活性化させたり、自分ができることとできないことを意識させたりする。（10分間）
2コマ目	＜聞く：インプットの提供＞ ③「聴解」活動を行う。大意の聞き取り、詳細の聞き取り、表現の聞き取りを行う。 ＜文法＞ ④「意識化」活動を行う。どのような言語形式を使えば、どのような表現・意味になるか、学習者に考えさせる。 ⑤「文法」活動を行う。「聴解」でインプットとして提供された、文型・文法の意味や使い方を確認し、アウトプットに備える。
3コマ目	＜話す：アウトプットの機会の提供1＞ ⑥「語彙」活動を行う。トピックと関係のある語彙を増やすために、意味を確認したり、語彙のグループ分けをしたりする。 ⑦「ペアワーク」活動を行う。教師が各ペアの活動を聞いて、必要なフィードバックを行う。
授業後 （宿題）	＜書く：アウトプットの機会の提供2＞ ⑧「作文」活動は、次回提出。また、「聴解」部分をシャドウイング（CDの音声に少し遅れて話す）する。

教材名『新日本語の中級』第11課
(2000年 スリーエーネットワーク)

		会話練習								活動		読もうの練習				活動		聞こう		
		1	2	3	4	5	6	7	8	9	10	11	12	13	14	15	16	17	18	19
①練習の性質																				
教材の中で学習者にあたえられるインプットの性質																				
談話：会話ならABAB など2往復以上のやりとり、文章なら5文以上とする。	絵、図形、番号によるか				■						なし	■					なし			
	文字による語、句、文か					■							■							
	音声による語、句、文か	■	■	■	■		■	■												
	文字による談話か											■	■	■	■					
	音声による談話か																	■	■	■
学習者に期待されるアウトプットの性質																				
談話：会話ならABAB など2往復以上のやりとり、文章なら5文以上とする。	絵、図形、番号によるか										なし						なし			
	文字による語、句、文か								■					■						
	音声による語、句、文か	■	■	■	■	■	■	■								■				
	文字による談話か								■						■					
	音声による談話か									■						■		■		
焦点・情報源																				
焦点	言語形式に焦点があたっているか																			
	意味理解に焦点があたっているか	■	■	■	■	■	■	■	■	■		■	■	■	■	■		■	■	■
	意味理解と言語形式の関係に焦点があたっているか																			
情報源	情報源は教材	■	■	■	■	■	■	■				■	■	■	■			■	■	■
	情報源は本人								■	■						■				
	情報源は他者（他の学習者、教師、リソースなど）									■						■				
②練習の活動形態																				
学習者同士のやりとり	クラス全体																			
	教師と学習者	■	■	■	■	■	■	■												
	ある学習者からクラス全体へ																			
	学習者の個人作業								■			■	■	■	■			■	■	■
	学習者同士のペアワークやグループワーク（クラス全体で）									■						■				
	学習者の反応を要求しない							教材に明示されていない												
学習者の自発性	学習者が指示された通りに答える/する	■	■	■	■	■	■	■				■	■	■	■			■	■	■
	学習者が考えて答える/する								■	■						■				
③練習の過程																				
	インプットを理解できるインプットにする練習											■	■	■	■			■	■	■
	言語操作の訓練（自動化）	■	■	■	■	■	■	■												
	運用力からアウトプットを引き出す活動								■	■						■				
	モニター																			

※ Tomolison (1998) を参考に著者が作成

教材名:『J.Bridge』第4課 Step 2
(2002年 凡人社、小山悟)

		はじめに	聴解			意識化				文法					語彙		ペアワーク			作文
		1	2	3	4	5	6	7	8	9	10	11	12	13	14	15	16	17	18	19	20

① 練習の性質

教材の中で学習者に与えられるインプットの性質
- 談話:会話ならABAB、図形、番号による語、句、文か
- など2往復以上のやりと 文字による語、句、文か
- り、文章なら5文以上と 音声による語、句、文か
- する。 文字による談話か
- 音声による談話か

学習者に期待されるアウトプットの性質
- 談話:会話ならABAB、図形、番号による語、句、文か
- など2往復以上のやりと 文字による語、句、文か
- り、文章なら5文以上と 音声による語、句、文か
- する。 文字による談話か
- 音声による談話か

(教材に明示されていない — 8,9列あたり)
(なし — 15列)
(なし — 20列)

焦点・情報源
- 焦点: 言語形式に焦点があたっているか
- 意味理解に焦点があたっているか
- 意味理解と言語形式の関係に焦点があたっているか
- 情報源: 情報源は教材
- 情報源は他人(他の学習者、教師、リソースなど)

② 練習の活動形態
- 学習者同士の やりとり: クラス全体
- 教師と学習者
- ある学習者からクラス全体へ
- 学習者の個人作業
- 学習者同士のペアワークやグループワーク(クラス全体で)
- 学習者の反応を要求しない
- 学習者の自発性: 学習者が指示された通りに答える/する
- 学習者が考えて答える/する

③ 練習の過程
- インプットを理解できるインプットにする練習
- 言語操作の訓練(自動化)
- 運用力からアウトプットを引き出す活動
- モニター

※ Tomolison (1998) を参考に筆者が作成

1 ラン先生とあなたはさくら日本語学校の課題を次の表にまとめました。

	日本語学校の抱える問題や課題	望ましい姿	解決策
学習者	会話能力を伸ばしたいと思っているが、初級・中級コースともに伸ばせていない。教室外で日本語を学習したり、使用したりする機会はほとんどない。適切な自習用教材もないし、仕事を持つ人は自習する時間はほとんどない。	運用力がJFスタンダードで………。授業時間内で学習できる教材…	教材作成…。
教師	教師研修の受講経験がない人もおり、教師の教授能力に差があると推測される。JFスタンダードなどの評価基準やそのために必要な授業設計や教授技術を知らない人もいる。	会話の評価基準の勉強会が………。	勉強会…。
シラバス・カリキュラム	初級コース（学習時間300時間）、中級コース（学習時間150時間）ともにシラバスはなく、教科書にしたがって文型を教えているに過ぎない。「〜ができる」という達成目標がないので、学習者はコースを終わっても、日本語で何ができるようになったかわからない。初級、中級コースの使用教科書につながりがないので、コースの間に継続性がない。	達成目標に基づく、コースのシラバスができる。それに即した教材が………。	シラバス開発…。
使用教材	日本で出版された一般向けの教科書なので、日本研究やビジネスをしたい学習者に合わない話題が多い。教師が再構成して授業をしているが、教師によって再構成の仕方が異なる。文型練習が多い。教材が想定している学習時間とコースのそれが異なるため教材が全部終わらない。	ほかに、いい教材が見つかる。または、当校にあった教材が………。	教材作成…。
授業	〔p.93 教案参照〕教案では、文型練習は十分しているようだが、何をインプットとして提示しているのかわからない。教材に入っている練習はすべて扱っているが、学習の評価をしているのかどうかわからない。それぞれの活動に対するフィードバックや宿題の量もわからない。	学習者に提示する効果的なインプットや学習の評価が含まれた教材が………。	研修＋教材作成…。
評価	学習者は会話能力を伸ばしたい、日本研究の力をつけたいと希望しているが、小テストおよび期末試験は、一般的な言語知識（文法、漢字、語彙）を測っており、一致していない。	会話テストが実施される。………	会話テストの開発…。
その他	教室の机が移動できないので、教室活動に制限がある。 CDプレーヤーは1台しかないので、教室活動に制限がある。	移動式の机が購入される…	可能…。

ラン先生　わたし

2 ラン先生とあなたは、次のように考えて、「教材作成で問題解決」をすることにしました。

「問題は、学習者のニーズを考慮したコースデザインになっていないこと、学習者の会話能力を向上させていないことだと思います。私たちは、一生懸命授業をやってきましたが、学習者は、何ができるようになったかわからないし、自分たちがどのぐらいの会話能力を持っているのかもわからないから、勉強を続ける気持ちをなくしてしまうのだと思います。当校では、各コースで使用する教材は1冊だけなので、教材を作成してみませんか。私たちのコース目標にあったコース教材を作ることで、コース全体の問題解決ができると思います。1回でいい教材ができるとは思いませんが、教材作成の過程を通して、私たちも勉強するから教材作成プロジェクトを実施する意義はとても大きいです。」

3 ラン先生とあなたは、次のように考えて、「①教材作成で何を解決したいのか」を明確にしました。

「やめてしまう学習者が多い中級コースの問題を先に考えましょう。中級コースがよくなれば、初級の学習者も増えるかもしれませんし、学校の特色にもなります。日本ではなくこの国に来た日本人と話すという場面の教材にしたら、学習意欲もわきますよね。JFスタンダードに沿ってシラバスを考えて、配列した教材にしたらどうでしょうか。学習者は、何ができるようになるかわかるから、達成感があると思います。私たち教師にとっては、責任が重くなりますが、自分の教え方をふり返るいい機会だととらえましょう。」

4 ラン先生とあなたは、②教材で実現したいことを、③実行可能性を検討し、教材のねらいを考えました。

「教材で教師を支援できる教材にしたいです。そうすれば、多くの教師が教材を通して、教え方を学んだり、ふり返ったりもできるでしょう。ただし、作成メンバーは主に2人だから、まず中級コースの1学期分（学習時間50時間）分の教材を作ることにしましょう。これなら実際に中級コースを教えながらでもできそうです。」

99

5 ラン先生とあなたは、教材のねらいを次のように決め、記述しました。教材名（仮）も考えました。

さくら日本語学校　中級コース　1 学期分の教材

教材名：日本語で研究者と話そう（仮）

《教材のねらい（仮）》

1. **対象**：現職の日本研究者やこれから研究者になる大学生を対象とする。

2. **技能①**：「話す・聞く」技能の養成を中心にする。この国に来る日本人研究者と会話する、日本人研究者の講義を聞く、などの場合に必要とされる課題を学習目標にする。

3. **技能②**：「読む・書く」技能の養成も行う。日本研究者にとって必要な社会言語的知識（話題の選び方、専門用語、学会情報など）を取りあげる。

4. **レベル**：初級コース終了時で、ACTFL-OPI 初級の上〜中級の下レベルだと想定される学習者を対象に、中級コース（150 時間）で、ACTFL-OPI 中級の上に引き上げることを目指す。中級コースの第 1 学期（50 時間）のコース終了時には、中級の下〜中レベル達成を目指す。

5. **構成**：第 2 言語の習得過程や指導方略を構成に反映させて、学習者の学ぶ過程や教師の指導過程を教材で支援できる教材にする。1 週間（4 時間）で 1 課、1 学期で 12 の話題・場面を取りあげる。

課の構成（第1版）

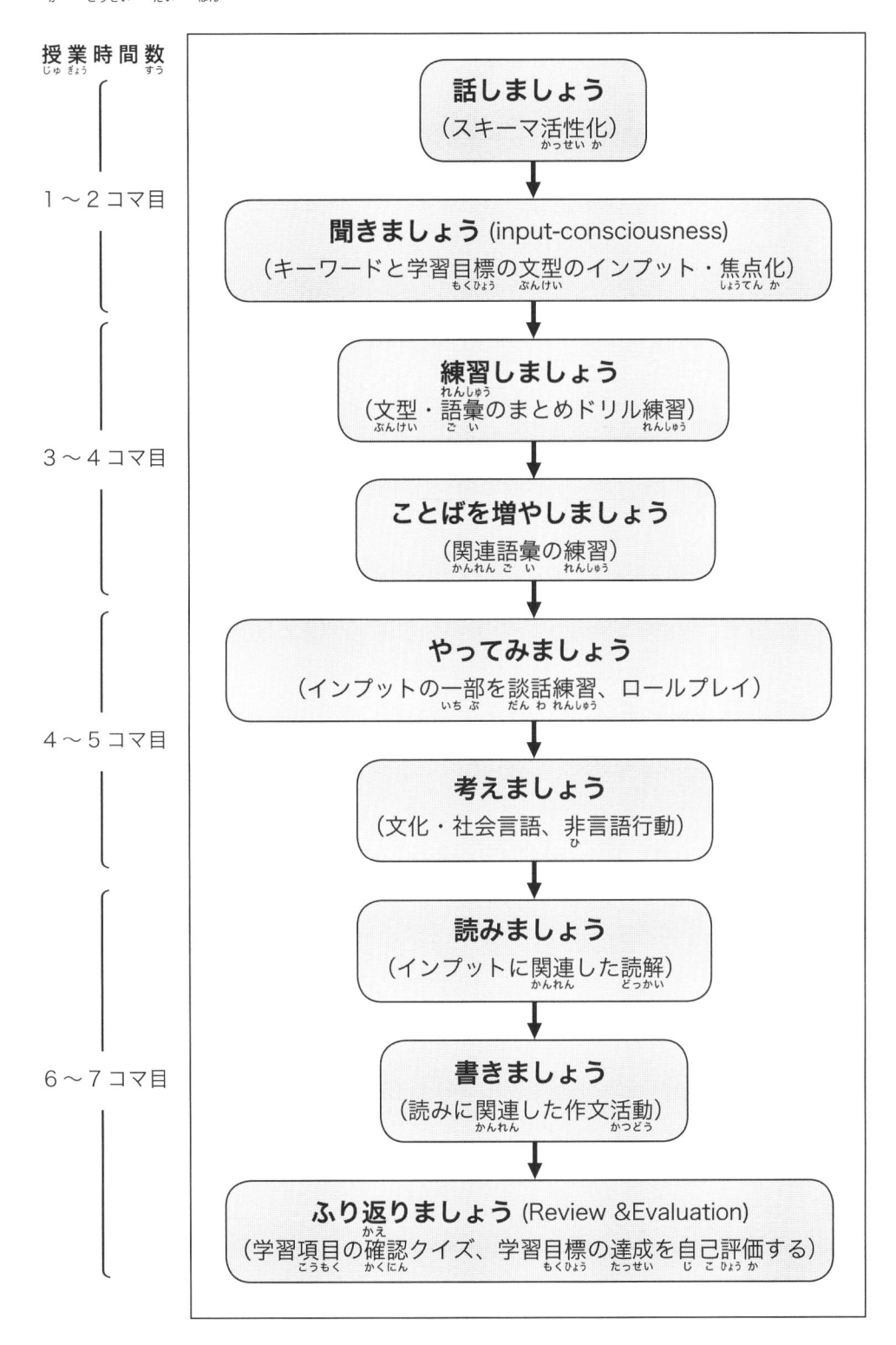

授業時間数

1〜2コマ目
- 話しましょう（スキーマ活性化）
- 聞きましょう (input-consciousness)（キーワードと学習目標の文型のインプット・焦点化）

3〜4コマ目
- 練習しましょう（文型・語彙のまとめドリル練習）
- ことばを増やしましょう（関連語彙の練習）

4〜5コマ目
- やってみましょう（インプットの一部を談話練習、ロールプレイ）
- 考えましょう（文化・社会言語、非言語行動）

6〜7コマ目
- 読みましょう（インプットに関連した読解）
- 書きましょう（読みに関連した作文活動）
- ふり返りましょう (Review & Evaluation)（学習項目の確認クイズ、学習目標の達成を自己評価する）

日本語で研究者と話そう (第一版)

- 総合学習時間：52時間（週4時間×3ヶ月）
- コース修了の評価方法：口頭テスト（予定）
- 目標：ACTFL OPI の中級の下〜中
- 1課 4時間＋復習 2時間×2回

所属機関：..........
作成者氏名：..........

課	題名／話題	学習／到達目標	文化・社会言語	文型・表現	Recycling	語彙	聞く	話す	読む	書く
1	自己紹介	個人情報や専門領域を話したり、書いたり読んだりできる	研究者にとっての挨拶・話題、学会とは	敬語	謙譲語	専門分野、領域、学会、会員…	国際的なセミナーでの日本人研究者と外国人研究者の会話を聞く	年配者との場面、専門家が同じときと異なる場面	研究者のWEBの紹介文	WEBサイトに自己紹介文を書く
2	電話	研究者に依頼の電話をかけられる		電話表現						
3	訪問	フォーマルな場で挨拶ができる。同行者の紹介ができる			敬語					
4	意見交換	専門領域の情報を聞いたり、質問したりできる		質問の仕方						
5	お礼の手紙	訪問のお礼の手紙／電子メールを書くことができる		お礼表現						
6	食事に行く	研究者と友人関係を築くことができる	おごられる、割り勘、お礼	Vさせてください、普通体	使役受身	お勘定、紹介がいの、割り勘、私のおごり…	私的な話題の会話、だれが費用を払うかの会話を聞く	おごる場面、おごられる場面、割り勘にする場面、文化差について話す場面	割り勘についての世界比較の統一資料	
	復習（1〜6課）									
7	講義を受ける	教育学について講義を受けて質問ができる	講義を聞くときのマナー（Uじ、うなづく）	聞き取りのストラテジー	音の変化（無声化、縮約形）	教育改革、総合学習、ゆとり教育	予測、フィラー、繰り返し、言い間違い、キーワードの目立たせ方		講義メモを読む	講義メモから概要をまとめる
8	講義内容を伝える	聞いた講義の内容をまとめて話すことができる		談話構成						
9	討論会	意見を述べられる。相手の意見を聞いて、それに対応した議論ができる		意見、反論						
10	研究発表をする	専門家を聴衆として構成された発表ができる		口頭発表						
11	質疑応答ができる	研究発表会で質疑応答ができる		質疑応答の基本						
12	案内する	研究者を連れて街を案内できる	外国人が興味を持ちたいこと、持たないこと	普通体	論説文体	両替、由来、発掘…	案内している会話を聞く。独話部分も含む	聞き手の理解やさまざまな反応を見ながら説明をする	日本語の観光パンフを読む	日本語の観光パンフを書く
	復習（7〜12課）									

102

【参考文献】

赤堀侃司 (2004)『授業の基礎としてのインストラクショナルデザイン』財団法人日本視聴覚教育協会

アーサー・ヒューズ / 靜哲人訳 (2003)『英語のテストはこう作る』研究社

石田敏子 (1992)『入門日本語テスト法』大修館書店

国際交流基金日本語国際センター (2002-2004)『日本語教育シラバス・ガイドラインシリーズ』国際交流基金日本語国際センター

　　https://www.jpf.go.jp/j/project/japanese/survey/area/country/syllabus/sy_tra.html (2021年4月5日)

国際交流基金 (2005)『ヨーロッパにおける日本語教育事情と Common European Framework of Reference for Languages』ヨーロッパ日本語教師会／国際交流基金

国際交流基金日本語国際センター (2004)『世界の日本語教育・日本語教育事情報告編』7号　国際交流基金

国際交流基金・日本国際教育支援協会著・編 (2006)『日本語能力試験出題基準』(改訂版第3刷)　凡人社

国際文化フォーラム『高等学校の中国語と韓国朝鮮語：学習のめやす (試行版)』国際文化フォーラム

国立国語研究所 (1999)『日本語社会における言語行動の多様性』国立国語研究所

──────(2003)『「日本語総合シラバスの構築と教材開発指針の作成」　論文集　第1巻　日本語総合シラバスの構築に向けて』国立国語研究所

──────(2003)『「日本語総合シラバスの構築と教材開発指針の作成」　論文集　第2巻　言語体系・言語運用能力とその学習内容』国立国語研究所

──────(2003)『「日本語総合シラバスの構築と教材開発指針の作成」　論文集　第3巻　日本語教育の社会文化能力』国立国語研究所

──────(2003)『「日本語総合シラバスの構築と教材開発指針の作成」　論文集　第4巻　日本語学習者・教育方法・学習活動』国立国語研究所

──────(2006)『日本語教育の学習環境と学習手段に関する調査研究　海外調査報告書』国立国語研究所

小柳かおる (2004)『日本語教師のための新しい言語習得概論』スリーエーネットワーク

社団法人国際日本語普及協会・AJALT (1997)『平成8年度社団法人東京倶楽部助成研究　在日外国人定住者に対する日本語教育のシラバス作成のための調査研究』社団法人国際日本語普及協会

社団法人日本語教育学会編 (1999)『Can-do-statements 調査報告』国際交流基金

菅井英明 (2003)「教材の評価とその手法」『日本語教育における評価法に関する基礎的資料整備とその分析』文部科学省科学研究費補助金研究成果報告書・課題番号 13680367　120-125　国立国語研究所

鈴木克明（2002）『教材設計マニュアル - 独学を支援するために』北大路書房

原田明子（2004）「バンコクの日系企業が求める日本語ニーズに関する分析」『早稲田大学日本語教育研究』5号　169-181　早稲田大学大学院日本語教育研究科

札野寛子・辻村まち子（2002）「大学生に期待される日本語コミュニケーション能力に関する調査について」国立国語研究所編『日本語教育の新たな文脈』221-257　アルク

吉島茂・大橋理恵ほか訳・編（2004）『外国語教育―外国語の教授、学習、評価のためのヨーロッパ共通参照枠』朝日出版社

Ian Mcgrath（2002）*Materials Evaluation and Design for Language Teaching*, Edinburgh University Press

Ellis, R.（1995）Interpretation tasks for grammar teaching, *TESOL Quarterly*, 29(1), 87-105.

Flagg, Barbara N.（1990）*Formative Evaluation for Educational Technologies*, Lawrence Erlbaum Associates, Publishers.

Tomlinson（1998）*Material Development in Language Teaching*, Cambridge

─────（2003）*Developing materials for language teaching*, Continuum

【参考にした教科書・教材類】

海外技術者研修協会編（2000）『新日本語の中級 本冊』スリーエーネットワーク

小出慶一（1996）『日本語を学ぶ人たちのための日本語を楽しく読む本・初中級』産能短期大学

小出慶一（1995）『日本語を学ぶ人たちのための日本語を楽しく読む本・中上級』産能短期大学

小山悟（2002）『J.Bridge : to intermediate Japanese』凡人社

産能短期大学日本語教育研究室編著（1991）『日本語を学ぶ人たちのための日本語を楽しく読む本・中級』産能短期大学

中居順子・近藤扶美・鈴木真理子・小野恵久子・荒巻朋子・森井哲也（2005）『会話に挑戦！ 中級前期からの日本語ロールプレイ』スリーエーネットワーク

荻原稚佳子・増田眞佐子・齋藤眞理子・伊藤とく美（2005）『日本語上級話者への道　きちんと伝える技術と表現』スリーエーネットワーク

ボイクマン椙本総子・宮谷敦美（2004～2006）『聞いて覚える話し方・日本語生中継』（初中級編1・初中級編2・中上級編）くろしお出版

山内博之（2014）『新版 ロールプレイで学ぶ 中級から上級への日本語会話』凡人社

Joseph Shaules, Hiroko Tsujioka, Miyuki Iida（2003）*Identity*, Oxford University Press

Nunan, D.（2001）*Expressions*, Thomson/Heinle

Nunan, D.（2002）*Listen In*, Thomson/Heinle

巻末資料

「言語学習に関する枠組み（スタンダード）」の特徴

1988年	Australian Language Level Guideline（オーストラリア）
1999年	21世紀日本語学習スタンダード（米国）
2001年	学習、教授、評価のためのヨーロッパ言語共通参照枠（ヨーロッパ）

Australian Language Level Guideline（オーストラリア、1988年）

国家政策として多言語・多文化主義を選択したオーストラリアは、1988年にAustralian Language Level Guideline（以下、ALL Guidelines）を策定しました。これは、オーストラリア「全土」「全部の外国語教育」の「初等からハイスクールまでの」指針あるいは枠組みです。

ALL Guidelinesでは言語教育を次の図のような「相互に関連した5要素の組み合わせ」としています。5要素は、Communicationを中心にSocio-cultural(社会文化)やLanguage and cultural awareness（気づき）、Learning-how-to-learn（学習方法）、General knowledge（一般知識）です。コミュニケーションに必要な要素を明確化し、理論化したALL Guidelinesは、その後のスタンダードの方向性に大きく影響を与えました。

ALL Guidelinesでは、シラバスは目標・計画・評価にいたる行動計画とされ、その一貫性を重視しています。

アクティビティという考え方を提案し、それを「目的をもった能動的なことばの使用」であると定義した点でも先駆的でした。

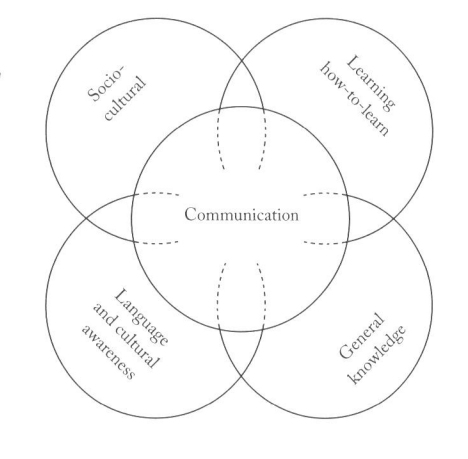

「21世紀日本語学習スタンダード」（米国、1999年）

21世紀の教育方針として、全教科にわたって初等から中等のスタンダードが設定されました。

言語学習の目標としては、Communication、Cultures、Connections（他教科との連携など）、Comparisons（言語や文化の比較対照）、Communities（地域・グローバル社会への参加）の5つを設定しています。Connectionsでほかの教科と結び付けたり、Communitiesで地域との接点を持たせたりするなど、外国語科目の社会的役割を明示した点が特徴的です。

Communicationについては、次の3つのコミュニケーションの形態（mode）を設定しています。

① Interpretive mode（解釈）：さまざまなトピックの書きことば、話しことばを理解し、解釈する。
② Presentational mode（意見発表）：さまざまなトピックに関して、聞き手、読み手に、情報・概念・考えを示す。
③ Interpersonal mode（対人関係）：会話をし、情報を提供したり、獲得したり、感情・感動を表現したり、考えを交換したりする。

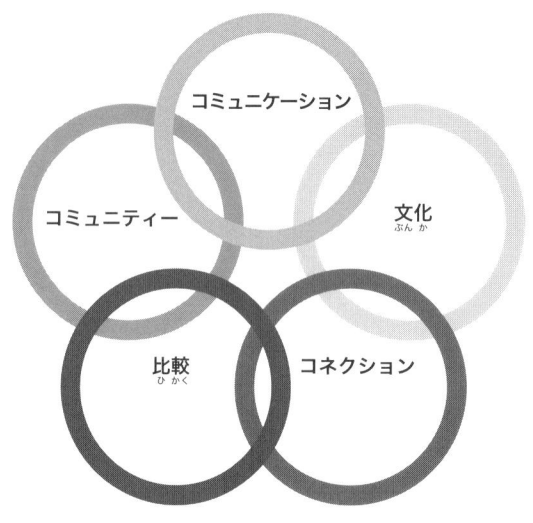

本来コミュニケーションは聞く、話す、読む、書く、の4つの技能を統合して行うので、コミュニケーション能力養成という目的から、上記のようにとらえているのでしょう。

Culturesについては、①ものの見方(perspectives)、②習慣（behavioral practices）、③産物(products)の3つと定義しています。そして、「産物や習慣を通してその背後にあるものの見方を考察し、異なる文化間の相違点や類似点を探る。相違点に気づくことで文化の多様性や豊かさに目が向き、類似点に気づくことで文化の普遍性に目が開く。文化は動的なもので、生涯を通じて、さまざまな方法で対象文化との交流を積極的に行うことが望ましい」とする教育方法を提案しています。

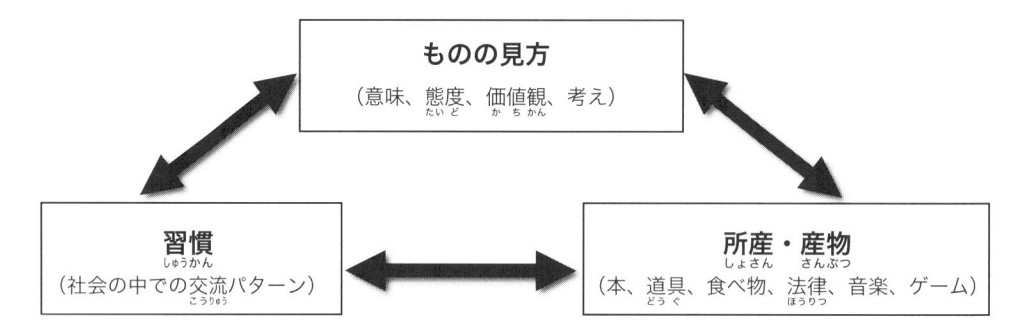

そして、この5つの学習目標をカリキュラムに組み込むときには、コミュニケーション・ストラテジーや学習ストラテジー、Critical Thinking Skills（批判的思考能力、検証的思考能力）、テクノロジーの技能を高める機会になるように提案しています。なお、評価方法の開発は州や学校区レベルの役割とされ、スタンダードにはくわしい記述はありません。

「学習、教授、評価のためのヨーロッパ言語共通参照枠」(CEFR) ヨーロッパ：2001年

　域内統合が進んだ欧州では、域内での人的交流（移民、労働、留学）を保証し、かつ、欧州市民としての意識を持たせるために、ヨーロッパ言語共通参照枠が作成されました。ヨーロッパ言語共通参照枠では、言語学習の目的を、母語話者のような言語能力の獲得ではなくある領域における課題遂行能力であると定義し、そこで行われるコミュニケーション活動を、Understanding (Listening, Reading) ＝理解すること（聞く、読む）、Speaking (Spoken interaction, Spoken production) ＝話すこと（やりとり、表現）、Writing＝書くこと、と定義しています。

　レベルは、次の図のように（A）Basic User（基礎段階の言語使用者）、（B）Independent User（自立した言語使用者）、（C）Proficient User（熟達した言語使用者）の3つを設定し、さらにそれぞれを2段階ずつにわけ、A1・A2・B1・B2・C1・C2の6つのレベルを設定しています。

　コミュニケーション活動（理解する、話す、書く）を縦軸に、レベル（A1・A2・B1・B2・C1・C2）を横軸にし、Can-Do-Statementとよばれる課題遂行の例が記述された自己評価表（pp.108-109）が開発され、評価道具としても授業設計道具としても中心的役割を果たします。

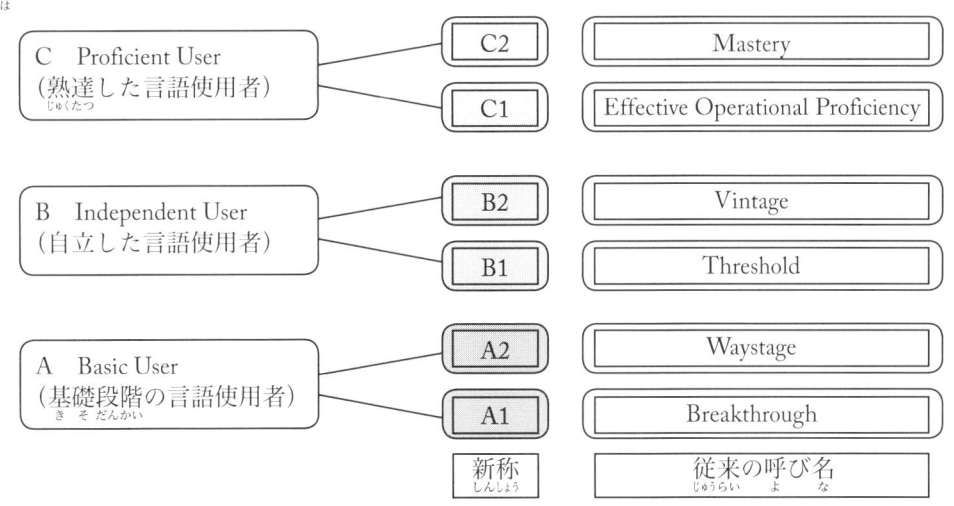

		新称	従来の呼び名
C　Proficient User（熟達した言語使用者）		C2	Mastery
		C1	Effective Operational Proficiency
B　Independent User（自立した言語使用者）		B2	Vintage
		B1	Threshold
A　Basic User（基礎段階の言語使用者）		A2	Waystage
		A1	Breakthrough

　もう1つの評価道具である学習記録帳（European Language Portfolio：ELP）は、①言語能力が確認できる言語パスポート（language passport）、②言語学習や文化体験の記録帳（language biography）、③学習成果が保管できる資料集（dossier）の3部から構成されます。この学習記録帳（ELP）は、学習者自身が自分の学習を自律的に管理したり、ヨーロッパ域内を移動しても外国語学習を継続したりすることを助けます。

　文化に関しては、複数の外国語を勉強したときに、個人の中に並列的に言語や文化が存在するのではなく、上位のメカニズムがそれを統括するのだ、とする複言語・複文化主義の立場をとっています。文化の評価は、ELPに記録するという形で行います。

107

「学習、教授、評価のためのヨーロッパ言語共通参照枠」(CEFR) 自己評価表

		A1	A2	B1
理解すること	聞くこと	はっきりとゆっくりと話してもらえれば、自分、家族、すぐ周りの具体的なものに関する聞き慣れた語やごく基本的な表現を聞き取れる。	(ごく基本的な個人や家族の情報、買い物、近所、仕事などの)直接自分につながりのある領域で最も頻繁に使われる語彙や表現を理解することができる。短い、はっきりとした簡単なメッセージやアナウンスの要点を聞き取れる。	仕事、学校、娯楽で普段出会うような身近な話題について、明瞭で標準的な話し方の会話なら要点を理解することができる。話し方が比較的ゆっくり、はっきりとしているなら、時事問題や、個人的もしくは仕事上の話題についても、ラジオやテレビ番組の要点を理解することができる。
	読むこと	たとえば、掲示やポスター、カタログの中のよく知っている名前、単語、単純な文を理解できる。	ごく短い簡単なテキストなら理解できる。広告や内容紹介のパンフレット、メニュー、予定表のようなものの中から日常の単純な具体的に予測がつく情報を取り出せる。簡単で短い個人的な手紙は理解できる。	非常によく使われる日常言語や、自分の仕事関連のことばで書かれたテキストなら理解できる。起こったこと、感情、希望が表現されている私信を理解できる。
話すこと	やり取り	相手がゆっくり話し、くり返したり、言い換えたりしてくれて、また自分が言いたいことを表現するのに助け船を出してくれるなら、簡単なやり取りをすることができる。直接必要なことやごく身近な話題についての簡単な質問なら、聞いたり答えたりできる。	単純な日常の仕事の中で、情報の直接のやり取りが必要ならば、身近な話題や活動について話し合いができる。通常は会話を続けていくだけの理解力はないのだが、短い社交的なやり取りをすることはできる。	当該言語圏の旅行中に最も起こりやすいたいていの状況に対処することができる。たとえば、家族や趣味、仕事、旅行、最近の出来事など、日常生活に直接関係のあることや個人的な関心事について、準備なしで会話に入ることができる。
	表現	どこに住んでいるか、また、知っている人たちについて、簡単な語句や文を使って表現できる。	家族、周囲の人々、居住条件、学歴、職歴を簡単なことばで一連の語句や文を使って説明できる。	簡単な方法で語句をつないで、自分の経験や出来事、夢や希望、野心を語ることができる。意見や計画に対する理由や説明を簡潔に示すことができる。物語を語ったり、本や映画のあらすじを話し、またそれに対する感想・考えを表現できる。
書くこと	書くこと	新年の挨拶など短い簡単な葉書を書くことができる。たとえばホテルの宿帳に名前、国籍や住所といった個人のデータを書き込むことができる。	直接必要のある領域での事柄なら簡単に短いメモやメッセージを書くことができる。短い個人的な手紙なら書くことができる：たとえば礼状など。	身近で個人的に関心のある話題について、つながりのあるテキストを書くことができる。私信で経験や印象を書くことができる。

B2	C1	C2
長い会話や講義を理解することができる。また、もし話題がある程度身近な範囲であれば、議論の流れが複雑であっても理解できる。 たいていのテレビのニュースや時事問題の番組もわかる。 標準語の映画なら大多数は理解できる。	たとえ構成がはっきりしなくて、関係性が暗示されているにすぎず、明示的でない場合でも、長い話が理解できる。 特別の努力なしにテレビ番組や映画を理解できる。	生であれ、放送されたものであれ、母語話者の速いスピードで話されても、その話し方の癖に慣れる時間の余裕があれば、どんな種類の話しことばも難無く理解できる。
筆者の姿勢や視点が出ている現代の問題についての記事や報告が読める。 現代文学の散文は読める	長い複雑な事実に基づくテクストや文学テクストを、文体の違いを認識しながら理解できる。 自分の関連外の分野での専門的記事も長い技術的説明書も理解できる。	抽象的で、構造的にも言語的にも複雑な、たとえばマニュアルや専門的記事、文学作品のテクストなど、事実上あらゆる形式で書かれたことばを容易に読むことができる。
流暢に自然に会話をすることができ、母語話者と普通にやり取りができる。 身近なコンテクストの議論に積極的に参加し、自分の意見を説明し、弁明できる。	ことばをことさら探さずに流暢に自然に自己表現ができる。 社会上、仕事上の目的に合ったことば遣いが、意のままに効果的にできる。自分の考えや意見を精確に表現でき、自分の発言を上手に他の話し手の発言に合わせることができる。	慣用表現、口語体表現をよく知っていて、いかなる会話や議論でも努力しないで加わることができる 自分を流暢に表現し、詳細に細かい意味のニュアンスを伝えることができる。 表現上の困難に出会っても、周りの人がそれにほとんど気がつかないほどに修正し、うまく繕うことができる。
自分の興味関心のある分野に関連する限り、幅広い話題について、明瞭で詳細な説明をすることができる。 時事問題について、いろいろな可能性の長所、短所を示して自己の見方を説明できる。	複雑な話題を、派生的話題にも立ち入って、くわしく論ずることができ、一定の観点を展開しながら、適切な結論でまとめ上げることができる。	状況にあった文体で、はっきりすらすらと流暢に記述や論述ができる。 効果的な論理構成によって聞き手に重要点を把握させ、記憶にとどめさせることができる。
興味関心のある分野内なら、幅広くいろいろな話題について、明瞭で詳細な説明文を書くことができる。 エッセイやレポートで情報を伝え、一定の視点に対する支持や反対の理由を書くことができる。 手紙の中で、事件や体験について自分にとっての意義を中心に書くことができる。	適当な長さでいくつかの視点を示して、明瞭な構成で自己表現ができる。 自分が重要だと思う点を強調しながら、手紙やエッセイ、レポートで複雑な主題を扱うことができる。読者を念頭に置いて適切な文体を選択できる。	明瞭な、流暢な文章を適切な文体で書くことができる。 効果的な論理構造で事情を説明し、その重要点を読み手に気づかせ、記憶にとどめさせるように、複雑な内容の手紙、レポート、記事を書くことができる。 仕事や文学作品の概要や評を書くことができる。

吉島・大橋（訳・編）2004：pp.28-29 より　Ⓒ Goethe-Institute Japan in Tokyo

【執筆者】

島田徳子（しまだ　のりこ）

柴原智代（しばはら　ともよ）

◆教授法教材プロジェクトチーム

　久保田美子（チームリーダー）

　阿部洋子／木谷直之／木田真理／小玉安恵／中村雅子／長坂水晶／三原龍志／簗島史恵

　※執筆者およびプロジェクトチームのメンバーは、初版刊行時には、
　　すべて国際交流基金日本語国際センター専任講師

イラスト　岡﨑久美

国際交流基金 日本語教授法シリーズ
第14巻「教材開発」

The Japan Foundation Teaching Japanese Series 14
Developing Teaching Materials
The Japan Foundation

発行	2008年5月20日　初版1刷
	2021年5月20日　　　3刷
定価	800円 + 税
著者	国際交流基金
発行者	松本 功
装丁	吉岡 透 (ae)
印刷・製本	三美印刷株式会社
発行所	株式会社ひつじ書房

〒112-0011　東京都文京区千石2-1-2　大和ビル2F

Tel : 03-5319-4916　　Fax : 03-5319-4917

郵便振替　00120-8-142852

toiawase@hituzi.co.jp　　https://www.hituzi.co.jp/

Ⓒ2008 The Japan Foundation

ISBN978-4-89476-314-2

造本には充分注意しておりますが、落丁・乱丁などがございましたら、
小社かお買い上げ書店にておとりかえいたします。

ご意見・ご感想など、小社までお寄せくだされば幸いです。

━━━━━━━━━━━━━ 好評発売中！ ━━━━━━━━━━━━━

日本で学ぶ留学生のための中級日本語教科書
出会い【本冊　テーマ学習・タスク活動編】
東京外国語大学留学生日本語教育センター 著　定価 3,000 円 + 税

日本で学ぶ留学生のための中級日本語教科書
出会い【別冊　文型・表現練習編】
東京外国語大学留学生日本語教育センター 著　定価 1,800 円 + 税

「大学生」になるための日本語 1・2
堤良一・長谷川哲子 著　各巻 定価 1,900 円 + 税

そのまんまの日本語　自然な会話で学ぶ
遠藤織枝編　阿部ひで子・小林美恵子・三枝優子・髙橋美奈子・髙宮優実・中島悦子・
本田明子・谷部弘子著　定価 2,000 円 + 税

日本語がいっぱい
李徳泳・小木直美・當眞正裕・米澤陽子 著　Cui Yue Yan 絵　定価 3,000 円 + 税